Europa bittet zu Tisch

Martina Tschirner

fotografiert von Angela Francisca Endress

UMSCHAU : *Eine kulinarische Reise durch die europäischen Länder*

Inhalt

S. 28
S. 24
S. 20
S. 16
S. 32
S. 12
S. 52
S. 54
S. 8
S. 48
S. 36
S. 44
S. 40
S. 104
S. 96
S. 68
S. 100
S. 92
S. 88
S. 72
S. 60
S. 64
S. 84
S. 76
S. 80

Polen
Litauen
Lettland
Estland
Schweden
Finnland
Dänemark
Deutschland
Luxemburg
Belgien
Niederlande
Irland
Großbritannien
Portugal
Spanien
Frankreich
Italien
Malta
Zypern
Griechenland
Slowenien
Ungarn
Slowakei
Österreich
Tschechien

Willkommen!

Dies ist ein herzlicher Gruß an die neuen Mitgliedstaaten der EU ab 2004. An unsere polnischen Nachbarn sowie deren Nachbarn Litauen, Estland und Lettland. An die Staaten im Südosten, die tschechische und slowakische Republik und Ungarn. Und auch an die drei südlichen Nachbarn, Slowenien und die Mittelmeerinseln Malta und Zypern. Auch ihnen ein herzliches Willkommen.

Wer gern und gut isst, den plagt bestimmt schon die Neugier. Was gibt es denn so zu essen bei den Neuen? Lohnt es sich, dorthin eine Reise zu unternehmen? Die Antwort: Ja, ja, ja! Und gut essen und trinken lässt es sich ja auch in allen bisherigen Ländern der EU, die wir mittlerweile schon etwas besser kennen.
Von den baltischen Staaten an der Ostsee haben wir noch sehr wenig gehört. Bekannter sind in jedem Fall die tschechische und ungarische Küche. Die eine besonders wegen ihrer Knödel, die so gut zu Braten mit Saucen passen. Und die andere ist für viele der Inbegriff für Gulasch und Paprika. Aber Slowenien, der nördlichste Staat des ehemaligen Jugoslawiens, gibt es denn dort auch Cevapcici?

Viele Antworten auf diese Fragen finden Sie in meinem Buch. Natürlich nicht auf alle, denn sonst wäre es mindestens doppelt so dick geworden und manche Frage lässt sich auch viel schöner auf einer eigenen Reise beantworten. Ich erzähle Ihnen, wodurch die verschiedenen Esskulturen der alten und neuen Mitgliedstaaten der Union beeinflusst wurden und wie sie sich im Laufe der Zeit entwickelt haben. Einen wesentlichen Einfluss nahmen oft die Besatzer eines Landes, die immer kulinarische Spuren hinterließen. Ein anderer Grund ist das Klima, das in jedem Land eine besondere Landschaft entstehen lässt. Tomaten, Oliven und Mandeln gedeihen halt besser in Italien, Spanien und Portugal als in Polen. Und in der Ostsee schwimmen andere Fische als im Mittelmeer. Heute lässt sich zwar importieren, was im eigenen Land nicht wächst. Die traditionelle Küche eines Landes entsteht jedoch aus der facettenreichen Verwendung der einheimischen Produkte, und aus kleinen Geheimnissen, die von Generation zu Generation weiter gegeben werden. So gibt es auch das eine oder andere, was überall gedeiht. Zwiebeln, Kartoffeln und Möhren wachsen in ganz Europa und tauchen irgendwann in den Rezepten jedes Landes auf – immer aber auf ganz spezielle und neue Weise verwendet.

In diesem Buch möchte ich Sie zum Probieren einladen. Die Rezepte aus den jeweiligen Ländern sind fast alle leicht nachzukochen, denn sie stammen aus den Regionalküchen. Die Zutaten waren schon seit Ewigkeiten das, was im Land mehr oder weniger reichlich zur Verfügung stand. Ich bin sicher, dass es nicht nur in den Küchen der neuen EU-Mitgliedsstaaten einiges Neue zu entdecken gibt. Auch die »alten Hasen« sind oft für eine Überraschung gut. Und nicht alle Regionen sind aus kulinarischer Sicht vollkommen entdeckt. Stellvertretend für Frankreich stelle ich beispielsweise das im Südwesten gelegene Roussillon mit seinen wunderbaren Olivenpasten vor. Für Deutschland ist es die Region, in der ich zuhause bin: Berlin-Brandenburg, auch die Heimat der knackigen Spreewaldgurken.

In vielen Ländern, die hier vorgestellt werden, war ich selbst Gast. Andere habe ich im World Wide Web bereist oder in Büchern nach kulinarischen Besonderheiten geschmökert. Die Rezepte in meinem Buch habe ich allerdings nicht immer so übernommen, wie ich sie mitgeteilt bekommen oder gelesen habe. Manche wurden schlanker gemacht. Statt mit fettem Speck lassen sich die berühmten Zeppelinklöße aus Litauen beispielsweise auch wunderbar mit Schinken zubereiten. Auch biete ich gern eine einfachere Variante eines Gerichtes an. Der gute Geschmack bleibt dabei bestimmt nicht auf der Strecke ...

Sicherlich wird es auch Leser und Leserinnen geben, die ein Rezept vermissen, das gerade für sie landestypisch ist. Ich freue mich, wenn Sie mir dazu ein paar Zeilen sowie das Rezept schreiben.

Übrigens sind viele der typischen Gerichte in den Ländern Europas gar nicht so verschieden. So gibt es fast überall Eintöpfe: Irish Stew in Irland, Bigos in Polen, Bouneschlupp in Luxemburg, Hutspot ist den Niederlanden, Minestrone in Italien. Von Deutschland, dem Vorzeigeland für Eintöpfe ganz zu schweigen. Auch Getreidebrei, ein Überbleibsel aus der Küche des Mittelalters, wird in manchen Ländern noch gern gegessen. So lieben die Briten ihr Porridge, die Letten ihre Putra, Österreicher und Slowenen ihren Sterz. Eierkuchen sind ebenfalls weit verbreitet: in Deutschland, den Niederlanden, Frankreich, Österreich, Ungarn, der Slowakei und Tschechien. Nur dass sie dort Crêpes beziehungsweise Palatschinken heißen.

Begleiten Sie mich nun auf einer kulinarischen Reise quer durch Europa. Gleichzeitig ist es auch eine (Ess-)Kulturreise. Und weil gemeinsames Essen verbindet, finden Sie nach den Beschreibungen der Länderküchen und ihren Rezepten noch zwölf Menüvorschläge, bei denen Europa bereits zusammengewachsen ist.

Guten Appetit wünscht Ihnen

Martina Tschirner
www.foodjournalistin.de

Polen
Litauen
Lettland
Estland
Schweden
Finnland
Dänemark
Deutschland
Luxemburg
Belgien
Niederlande
Irland
Großbritannien
Portugal
Spanien
Frankreich
Italien
Malta
Zypern
Griechenland
Slowenien
Ungarn
Slowakei
Österreich
Tschechien

Polen: Würste, Kohl und Pilze

Meist herzhaft und rustikal, so beschreibt mein polnischer Schwager die Küche seiner Heimat. Er schwärmt zum Beispiel von den Würsten, die über die Grenzen Polens hinweg berühmt sind. Seine Landsleute sind wahre Meister im Räuchern und Pökeln. Aber auch Süßem, vor allem süßen Backwaren, sind unsere gastfreundlichen Nachbarn eigentlich nie abgeneigt. Die gibt es auch gern anstatt eines Desserts, das ist ansonsten nämlich kaum üblich. Viele Einflüsse haben die polnische Küche geprägt. Der Grund dafür: die wechselvolle Geschichte des Landes.

Da ist erst einmal die Zugehörigkeit zur slawischen Völkerfamilie. In der Küche zu schmecken an der großzügigen Verwendung von saurer Sahne und vielen süß-sauren Gerichten. Ein typisches Beispiel: »Barszczch« mit Öhrchen, eine Rote-Bete-Brühe zum Trinken aus der Tasse, in der mit Pilzen gefüllte, kleine Nudeltaschen schwimmen. Es gibt aber genauso viele Gerichte jüdischen Ursprungs, wie gefüllten Fisch. Der Grund ist ein romantischer:
Weil sich der polnische König Kasimir im 14. Jahrhundert in eine schöne Jüdin verliebte, war es bald vielen verfolgten europäischen Juden möglich, in Polen einzuwandern. Und so ist bis heute in so manchem Gericht das Kochen mit koscherem Gänseschmalz vorgeschrieben, obwohl Polen vielmehr immer ein Land der Schweinezucht war. Spätere enge Beziehungen zu Böhmen und Österreich brachten schließlich die süßen Schmankerln ins Land.

Obwohl Polen gern Fleisch und Fisch essen, lieben sie ebenso Obst und Gemüse. Und Pilze, kaum ein Wäldchen ist im Herbst vor Schwager Zbyszek sicher. Er füllt damit beispielsweise Rouladen, die »Zrazy Zawijane« heißen, und serviert sie mit saurer Sahne. Gut schmecken auch seine geschmorten Pilze. Und dass, obwohl sie zum Säubern nach polnischer Art Ewigkeiten im Wasser liegen, jedenfalls nach meinem Zeitgefühl. Der Vorschlag, die Pilze nur trocken abzubürsten, wie es in deutschen Kochbüchern gelehrt wird, kommt bei meinem polnischen Schwager gar nicht an. Andere Länder, andere Küchensitten.

Wie Kohl und Rüben gehören Pilze auch zu vielen Suppen und Eintöpfen. So sind sie in dem wohl berühmtesten polnischen Eintopfgericht »Bigos« enthalten. »Zweimal Geschmack« bedeutet sein Name, wenn man ihn aus dem Lateinischen herleitet. Da »Bigos« aber aus wesentlich mehr Zutaten besteht, bezieht er sich wahrscheinlich auf die zwei Kohlsorten, nämlich frischem und gesäuertem Weißkohl, dem Sauerkraut. Wenn in der Familie gefeiert wird, steht er immer auf dem Tisch. Allerdings nicht allein als einzelner Gang, sondern zusammen mit sauren Spezialitäten, wie eingelegten Pilzen und Heringen, daneben aufgeschnittene Wurst und Schinken – eben allem, was dem bei dieser Gelegenheit reichlich ausgeschenkten Wodka eine gute Grundlage gibt. Dazu gibt es Fruchtsäfte, Wasser und Limonaden – und nicht Wein oder Bier!
So hat der Kater am nächsten Morgen erst gar keine Chance ...

Eingelegte Pilze

Die Pilze sorgfältig putzen und waschen. Die Zutaten für den Sud in einen Topf (kein Aluminium) geben und aufkochen lassen. Pilze hineingeben und wieder aufkochen, weitere fünf Minuten auf kleiner Flamme köcheln lassen. Danach die Pilze durch ein Sieb abgießen und auskühlen lassen. In Schraubdeckelgläser füllen, mit Essig und Zucker bedecken und verschließen. Kühl und dunkel aufbewahren, oder nach einer Woche servieren.

	Zutaten:
500 g	gemischte Pilze, z. B. Steinpilze, Pfifferlinge und Champignons
	Für den Sud:
750 ml	Wasser
2 EL	Salz
1/2 EL	schwarze Pfefferkörner
1	Knoblauchzehe
3	kleine Zwiebeln
	Weißweinessig
1 Prise	Zucker

Bigos nach Zbyszeks Art

Zutaten für 6 Personen:

15 g	getrocknete Steinpilze
250 g	Weißkohl
500 g	Sauerkraut
2	Zwiebeln
2	Äpfel
3 EL	Schweineschmalz
1 große Dose	Tomaten
250 g	Rindergulasch
200 g	Schnitzelfleisch
200 g	Lammfleisch
60 g	magerer Speck
200 g	Knoblauchwurst
200 ml	Fleischbrühe
200 ml	trockener Rotwein
1 TL	Zucker
1 TL	Salz
	schwarzer Pfeffer, frisch gemahlen
1 EL	edelsüßer Paprika
1	Lorbeerblatt
5	Pimentkörner

Die Steinpilze 30 Minuten in warmem Wasser einweichen. Vom Kohl die äußeren welken Blätter entfernen, vierteln und in feine Streifen schneiden. Das Sauerkraut ausdrücken. Zwiebeln pellen, Äpfel schälen und vom Kerngehäuse befreien, beides würfeln. Das Schmalz in einem großen Topf zerlassen, die Zwiebeln und Äpfel darin anbraten. Kohl, Sauerkraut und die Tomaten mit Saft zugeben, alles umrühren und vom Herd nehmen. Die eingeweichten Pilze abtropfen lassen und klein schneiden.

Das Fleisch in etwa 3 cm große Würfel schneiden. Den Speck klein würfeln und in einer Pfanne leicht anbraten. Nun portionsweise das Fleisch anbraten, bis es braun ist und zum Kohl geben. Bratensatz mit der Brühe lösen und zufügen, ebenfalls die in Scheiben geschnittene Wurst, die Pilze und den Wein. Die Gewürze unterrühren und alles zugedeckt 90 Minuten garen. Zum Schluss den Bigos weitere 30 Minuten im offenen Topf einkochen lassen.

Krakauer Grieß mit Rosinen

Zutaten:

500 ml	Milch
60 g	Butter
1	Vanilleschote
50 g	Buchweizengrieß (Krakauer Grieß)
4	Eier
150 g	Zucker
1	unbehandelte Zitrone (Schale)
100 g	Rosinen
30 g	Puderzucker
	Butter zum Einfetten

Die Milch mit der Butter und der aufgeschlitzten Vanilleschote aufkochen, den Grieß einrühren und bei geringer Hitze erst zu einem Brei quellen und dann abkühlen lassen. Die Vanilleschote dafür entfernen. Die Eier trennen, Eigelbe mit dem Zucker und der abgeriebenen Zitronenschale schaumig rühren und danach unter den abgekühlten Grieß heben. Eiweiß steif schlagen und mit den Rosinen ebenfalls unter den Grießbrei heben. Eine Auflaufform einfetten und den Brei hineinfüllen. Bei 180°C im vorgeheizten Backofen etwa 40 Minuten lang backen.

Zum Servieren den Grieß dick mit Puderzucker bestreuen, er schmeckt heiß und kalt.

Tipp: Dazu schmeckt Kompott von Sauerkirschen. Traditionell verziert man den Grieß in Polen mit Sauerkirschkonfitüre, dann wird das Dessert jedoch sehr süß.

Litauen: Von Zeppelinen und Honigmäulern

Was Luftschiffe mit der baltischen Republik zu tun haben? Kaum zu glauben, aber so wie die dickbäuchigen Ungetüme heißen auch die Lieblingsklöße der Litauer. »Cepelinai« werden sie an Ort und Stelle genannt, »Zeppelinäi« ausgesprochen. In ihrer länglichen Form erinnern sie tatsächlich an die Luftriesen, jedoch im Miniformat! Dafür machen sie aber besonders schnell satt, diese Kartoffelklöße mit Hackfleischfüllung. Darüber gibt die litauische Hausfrau noch etwas Saure-Sahne-Sauce mit Speck und Zwiebeln. Gute Esser sollen mindesten vier Exemplare davon schaffen, sagt man. Auch mit einem Wodka zur besseren Verdauung verträgt mein Magen davon allerdings höchstens zwei.

Die Klöße sind ein Bestandteil der neulitauischen, bäuerlich-rustikalen Küche mit ihren vielen Kartoffelgerichten. Sie entstand im letzten Drittel des 19. Jahrhunderts und ähnelt ein wenig der estnischen und lettischen Küche. In allen drei Ländern finden saure Sahne und Schmand häufig Verwendung, als Durstlöscher ist säuerlicher »Kwaß beliebt«. Übrigens gab es in der traditionellen, altlitauischen Küche noch gar keine Kartoffeln. Dies war die Küche des reichen litauischen Adels, die sich durch die Beziehungen zu anderen Staaten sehr vielfältig entwickelt hatte.

Eine wichtige Zutat der litauischen Küche war und ist Honig. Im Mittelalter wurde fast ausschließlich er zum Süßen eingesetzt. Und so berühmt, dass er als Exportartikel in vielen Ländern Europas auftauchte. Im eigenen Land war er zudem auch Zahlungsmittel. Mit Honig süßen die Litauer heutzutage ihren Energiedrink aus Milch und geröstetem Gerstenmehl, den es zu jeder Gelegenheit gibt. Beliebt ist auch Honiglikör und Met. Und zu einem Kaffee gibt es gern »Meduolis«, ein traditionelles Honiggebäck.

Ähnlich berühmt sind seit Jahrhunderten die Räucherwaren der Litauer. Sie waren schon immer Meister dieser Technik des Haltbarmachens von Fleisch und Fisch. Dafür landeten vor allem Schwein, Wild und Gänsefleisch in Getreidekarren, die als Räucherkammer der einfachen Art dienten. Der spezielle Kniff bestand darin, verschiedenste Laubhölzer aus den litauischen Wäldern zu benutzen und das Fleisch sehr langsam und zart zu räuchern. Das dauerte nicht selten mehrere Tage, war jedoch die Garantie für einen ganz besonderen Geschmack.

Honigkekse (Meduolis)

Zutaten:

200 g	Roggenmehl
200 g	Weizenmehl
400 g	Honig
1 EL	Wodka
1	Ei
2	Gewürznelken, zerstoßen
6	Pfefferkörner, zerstoßen
2 TL	gemahlener Ingwer
1 TL	abgeriebene Zitronenschale
1 TL	Natron

Das Mehl vermischen, in einer Pfanne goldbraun rösten und noch warm durchsieben. Den Honig ebenfalls erhitzen und mit dem Mehl verrühren. Den Wodka, Ei, die Gewürze und Natron zugeben und den Teig mindestens 30 Minuten kräftig durchschlagen.

Den Backofen auf 200°C vorheizen. Den Teig etwa 15 mm dick ausrollen und mit Lebkuchenformen ausstechen. Auf ein mit Backpapier ausgelegtes Blech legen und etwa 15 Minuten auf der mittleren Schiene backen.

Kartoffelklöße mit Hackfleischfüllung
(Cepelinai)

Zutaten:

500 g	rohe Kartoffeln
500 g	gekochte Kartoffeln
1 EL	Kartoffelstärke
1	Ei
	Salz
	Pfeffer, frisch gemahlen
	Muskatnuss, frisch gemahlen

Für die Füllung:

40 g	Schinkenspeck
1	Zwiebel
150 g	gemischtes Hackfleisch
	Salz
	Pfeffer, frisch gemahlen
	Majoran

Für die Sauce:

75 g	Schinkenspeck
1	Zwiebel
1 Becher	Schmand
1 EL	gehackter Dill

Die rohen Kartoffeln schälen, fein reiben und gut auspressen. Das geht am besten mit einem sauberen Tuch. Die gekochten Kartoffeln grob reiben, mit den rohen Kartoffeln, der Kartoffelstärke und dem Ei mischen, anschließend mit Salz, Pfeffer und Muskatnuss würzen.

Den Schinkenspeck fein würfeln und in einer Pfanne auslassen. Zwiebel pellen, ebenfalls fein würfeln, zum Speck geben und glasig anbraten. Das Hackfleisch zugeben, alles gut durchmischen, krümelig braten und mit Salz, Pfeffer und Majoran abschmecken. Reichlich gesalzenes Wasser für die Cepelinai erhitzen.

In der Zwischenzeit acht Cepelinai formen. Dafür etwas Kartoffelteig auf dem Handteller flach klopfen, mit einem guten Teelöffel Hackfleisch füllen und zu einem länglichen Kartoffelkloß formen. In das kochende Wasser geben und etwa 15 Minuten sieden lassen, bis die Klöße an der Oberfläche schwimmen.

Für die Sauce den Schinkenspeck fein würfeln und auslassen. Zwiebel pellen, fein hacken und mitbraten. Zum Abschluss Schmand zugeben und mit Dill bestreut zu den Cepelinai servieren.

Tipp: Wenn mal wenig Zeit ist, gelingen die Cepelinai auch mit einem fertigen Kloßteig »halb und halb« aus dem Kühlregal.

Lettland: Putra und Piroggen

»Kalte Küche bevorzugt«, so lassen sich die althergebrachten Essgewohnheiten der Letten am einfachsten beschreiben. Und wirklich: eine lettische Tafel besteht meist nur zu einem Drittel aus warmen Gerichten. Den Großteil werden immer kalte Köstlichkeiten ausmachen.

Diese Tradition ist einst aus der Bauernküche entstanden. Und das kam so: Weil die Bauern in früheren Jahrhunderten von früh bis spät auf dem Feld arbeiten mussten, blieb ihnen gar nichts anderes übrig, als sich mit kalten Speisen über den Tag zu retten. Das beschränkte sich bei den Ärmeren auf Brot mit Sauermilch oder Molke. Auch die guten Sachen wie Eier und Speck, Hering und Kartoffeln gab es meist kalt. Allerdings nur an Feiertagen. Mit diesen Lebensmitteln wurden Bauern ohne eigenes Land entlohnt. Eine warme Mahlzeit gab es höchstens am Abend, und immer zusammen mit »Putra«, dem typisch lettischen Gerstenbrei.

Die Sitte, morgens und mittags kalt zu essen, bürgerte sich im Laufe des 19. Jahrhunderts auch bei den wohlhabenderen Bauern und Städtern ein. Ihre Tische waren natürlich reichhaltiger gedeckt. Mit verschiedenen Würsten, Sülzen und Schinken, mit Rouladen und Pasteten. Vom nahe gelegenen Schweden hatte man inzwischen auch erfahren, was sich so alles an Leckereien aus Hering zubereiten lässt. Letztendlich wurde die kalte Küche gegen Ende des Jahrhunderts zur Landesküche Lettlands. Jetzt gehörten außerdem Räucherfisch, Salate und mit Gemüse oder Speck und Zwiebeln gefüllte Teigtaschen bzw. Piroggen dazu. Der Einfluss Russlands, dem Lettland angeschlossen war, ließ sich auch in der Küche nicht leugnen. Deutliche Spuren haben auch die langen Zeiten deutscher Herrschaft über die Letten hinterlassen. So dürfen Kartoffeln auch heute noch bei keiner warmen Mahlzeit fehlen. Ebenso sind Sauerkraut und dunkles Brot beliebt, aber eben nicht landestypisch.

Ganz und gar typisch für Lettland ist dagegen eine Likörspezialität, der Schwarze Riga Balsam. Der dunkle Kräuterlikör wird aus vielen verschiedenen Zutaten hergestellt, mit dabei sind Eichenborke, Bitterorangenschale, Ingwer und Weinbrand. Zum Genuss trinken Letten ihn mit heißem Saft von schwarzen Johannisbeeren, mit Kaffee oder Wodka. Pur soll er bei allerlei Wehwehchen helfen. Stolz sind die Letten zurecht auch auf ihre einheimischen Biersorten. An Getränken ohne Alkohol sind Birkensaft sowie Limonaden mit Honig beliebte Durstlöscher.

Lettisches Heringsbrot (Silkumaizes)

Zutaten:

2	Salzheringe oder Matjes
500 ml	Milch
4	Eier, hart gekocht
2 EL	Öl
2 EL	Senf
1 Bund	Dill
4	dicke Scheiben dunkles Brot
	Butter zum Bestreichen
4	Würstchen

Die Heringe über Nacht in Milch einlegen. Am nächsten Tag aus der Milch nehmen und in mundgerechte Stücke schneiden. Die Eier pellen und hacken, mit dem Fisch, Öl, Senf und gehacktem Dill vermischen.

Brotscheiben toasten, danach buttern und mit dem Heringssalat belegen. Die Würstchen längs in Streifen schneiden und jeweils eines auf ein Brot legen.

Saurer Gerstenbrei (Putra)

Die Gerstengrütze mit Wasser weich kochen, verrühren und zu einem luftigen Püree schlagen. Die saure Sahne untermengen und das Gemisch vorsichtig etwas erhitzen. In den warmen Brei die Dickmilch löffelweise zugeben und verrühren, sie darf nicht gerinnen. Danach ebenfalls die frische Milch zugeben und die Putra im Kühlschrank sauer werden lassen, das dauert etwa einen Tag. In Lettland werden Salzkartoffeln zu Putra serviert.

Zutaten:

100 g	Gerstengrütze
500 ml	Wasser
100 ml	saure Sahne
200 ml	Dickmilch
400 ml	Milch

Zutaten:

2	Möhren
	Salz
2	Eier
1	unbehandelte Zitrone (Schale)
30 g	Zucker
100 ml	saure Sahne
1 EL	gehackte Petersilie
	Salz
	Pfeffer

Für den Teig:

1/2 Würfel	Hefe
100 ml	saure Sahne, lauwarm
3 EL	Zucker
250 g	Mehl
75 g	geschmolzene Butter
1	Eigelb

Piroggen mit Möhrenfüllung

(Burkanu pardevejs)

Die Möhren schälen, in dünne Scheiben schneiden und in wenig Salzwasser weich kochen. Das dauert etwa 10 Minuten. In der Zwischenzeit ein Ei hart kochen und danach fein hacken. Die Zitronenschale abreiben. Nun die abgegossenen Möhren mit dem Zucker, der sauren Sahne, dem gehackten Ei, der Zitronenschale und der Petersilie vermengen. Mit Salz und Pfeffer würzen und zum Schluss das rohe zweite Ei unter die Masse rühren.

Für den Teig die Hefe in der sauren Sahne auflösen und mit dem Zucker verrühren. Mehl und Butter zufügen und alles zu einem geschmeidigen Teig verarbeiten. Wenn er zu feucht ist, noch etwas Mehl zugeben. Anschließend abgedeckt an einem warmen Ort etwa 30 Minuten gehen lassen, bis er deutlich größer geworden ist.

Den Backofen auf 200°C (Gas Stufe 3) vorheizen. Teig ausrollen und Plätzchen mit einem Durchmesser von etwa 10 cm ausstechen. Je einen guten Esslöffel von der Möhrenmasse darauf verteilen, die Plätzchen zu Teigtaschen zusammenklappen und an den Rändern gut andrücken. Auf ein mit Backpapier ausgelegtes Backblech legen und mit dem verquirlten Eigelb bestreichen. Im heißen Backofen auf der mittleren Schiene 20–25 Minuten backen, bis die Teigtaschen goldbraun glänzen.

Tipp: Die Piroggen eignen sich auch gut für ein Picknick.

»Leib« wird das Lieblingsbrot in Estland genannt, ein dunkles Sauerteigbrot aus Roggenmehl. Es ist zwar nicht das einzige Grundnahrungsmittel im nördlichsten der drei baltischen Länder, fehlen darf es jedoch bei keiner Mahlzeit. »Möge dein Brot immer reichen« sagen die Esten deshalb und dieser gute Wunsch ersetzt dann auch das in vielen anderen Ländern übliche »guten Appetit«. Was es sonst noch an typischen Speisen in Estland gibt? Heringskartoffelsalat mit Rote Bete ist beliebt. Und »Sult«, eine Art Sülze, die manchmal mit Kalbfleisch, ein anderes Mal mit Schweinefüßen zubereitet wird. Dazu reichen die Esten gern herzhaft eingelegte Gurken oder Kürbis. Zusammen mit dem dunklen Brot ergibt das eine üppige kalte Mahlzeit.

Natürlich gibt es auch typische warme Gerichte in Estland. Blutwurst etwa, die dort »Verivorst« heißt. Ebenfalls beliebt: Schweinebraten. Fisch ist weniger wichtig, obwohl zumindest die Küstenbewohner direkten Zugriff auf Flundern, Heringe und Co. haben. Gegessen wird er natürlich trotzdem. Weit wichtiger in der traditionellen estnischen Küche ist Milch als Zutat. Sowohl frisch als auch gesäuert. Ob Gemüse- oder Fleischgerichte, Rezepte mit Kartoffeln, Speisen mit Graupen, Kohl und Kohlrüben, Pilzen und Erbsen, Suppen oder Nachspeisen, fast alles wurde früher mit Milch gekocht oder zumindest mit einem Löffel saurer Sahne gekrönt.

Estland: Milch und Brot

Und ebenso zu einem der ältesten estnischen Nahrungsmittel der Landbevölkerung, dem Kamamehl, darf Milch nicht fehlen. Kama ist ein grobes Mehl aus gerösteter Gerste, Hafer und Roggen, Erbsen und schwarzen Bohnen und wird industriell hergestellt. Die Esten lieben es auch heute noch und verwenden es für viele Gerichte. Am einfachsten als Imbiss mit frischer Milch oder Buttermilch und Honig. Als Brei gibt es Kama in manchen Familien noch gern zum Frühstück.

Später am Tag schmecken den Erwachsenen ein Bierchen und der eine oder andere klare Wodka. Die beliebteste Marke der Esten: Viru Valge. An Hustensirup erinnert dagegen der Kräuterlikör Vana Tallin, der auch über Estlands Grenzen hinaus bekannt ist.

Sülze (Sult)

Zutaten:

2 kg **Schweinefüße oder Kalbshaxe**
1 **Zwiebel**
1 **Möhre**
8 **schwarze Pfefferkörner**
6 **Pimentkörner**
1 **Lorbeerblatt**
Salz

Das Fleisch kalt abspülen, in einen Kochtopf geben, mit Wasser bedecken und zum Kochen bringen. Für 1 bis 2 Minuten sprudelnd kochen lassen, dann die Flüssigkeit wegschütten. Das Fleisch wieder abspülen, aus dem Topf den entstandenen Schaum entfernen. Nun das Fleisch mit frischem heißen Wasser nochmals aufkochen und solange bei geringer Hitze simmern lassen, bis sich das Fleisch von den Knochen löst. Das dauert 3 bis 4 Stunden. Wichtig ist eine niedrige Temperatur, weil die Kochflüssigkeit sonst eintrübt. In der Zwischenzeit die Zwiebel mit Schale in Stücke schneiden, die Möhre schälen und ebenfalls klein schneiden. Beides nach etwa 1 Stunde mit den drei Gewürzen zum Fleisch geben. 2 bis 3 TL Salz erst gegen Ende der Garzeit zugeben.

Das Fleisch abkühlen lassen, die Brühe durch ein Sieb gießen und ebenfalls abkühlen lassen, am besten über Nacht. Erkaltetes Fleisch in kleine Stücke schneiden. Von der inzwischen gelierten Brühe das Fett entfernen, Brühe und Fleisch ein drittes Mal zum Kochen bringen. Die Brühe eventuell nachsalzen und alles weitere 15 Minuten köcheln lassen. In kalt ausgespülte Schüsseln füllen, abkühlen lassen und mit Folie abgedeckt kühl aufbewahren.

Die Sülze innerhalb einer Woche verbrauchen. Sie schmeckt auf Brot, aber auch mit Bratkartoffeln. Dazu passen sauer eingelegte Gurken, Senf und Meerrettich.

Milchsuppe mit Pilzen

Zutaten für 4–6 Personen:

1 kg	Kartoffeln
1 l	Fleischbrühe
1	Zwiebel
2 EL	Butter
600 g	geputzte Speisepilze, z. B. Champignons
500 ml	Milch
1 EL	Mehl
	Salz
1 EL	Dill, fein gehackt

Die Kartoffeln schälen, würfeln und in der Fleischbrühe fast weich kochen.

Zwiebel pellen und klein schneiden. Die Butter in einer Pfanne zerlassen, Pilze und Zwiebeln darin braten, bis die austretende Flüssigkeit verdampft ist. Zu der Brühe geben. Das Mehl in der Milch verquirlen und zu der Suppe gießen, alles aufkochen und noch etwa 7 Minuten köcheln lassen. Mit Salz abschmecken und mit dem Dill bestreut servieren.

Heringskartoffelsalat (Rossolye)

Zutaten für 6 Personen:

400 g	gekochte Rote Bete
400 g	gekochte Kartoffeln, vorwiegend fest kochend
2	gekochte Möhren
250 g	Salzhering, gewässert
2	Delikatessgurken
1	Apfel
500 ml	saure Sahne oder Schmand
1/2 TL	Senf
1	Prise Zucker
	Salz
2	hart gekochte Eier
2	Frühlingszwiebeln

Die Rote Bete und Kartoffeln pellen und mit den Möhren in kleine Würfel schneiden, ebenfalls den Hering, Gurken und den Apfel. Aus saurer Sahne und den Gewürzen eine Sauce rühren, zu den gewürfelten Zutaten geben und alles mischen. Im Kühlschrank mindestens eine Stunde durchziehen lassen.

Die Eier pellen und längs vierteln, Frühlingszwiebeln waschen und in Ringe schneiden. Den Salat damit garniert servieren.

Schweden:
Leckereien auf der Weihnachtstafel

Woran Sie in Schweden das schönste Fest des Jahres erkennen? Am Weihnachtsbaum, der mit blau-gelben Fähnchen geschmückt ist und am üppig beladenen »Julbord«. So heißt die schwedische Weihnachtstafel, auf der sich mehr als dreißig Speisen auftürmen können. Viele Restaurants bauen dieses sensationelle Buffet schon in der Vorweihnachtszeit auf, so dass Firmen sich anlässlich ihrer Weihnachtsfeiern daran laben können.

Was sich da auf dem Julbord alles tummelt: zunächst viel Fischiges, eingelegte Heringe und Heringshappen in den verschiedensten Marinaden zum Beispiel. »Sill« heißt der Hering hier. Dann natürlich Leckereien mit Lachs oder ganz einfach Lachs pur. Krabben mit und ohne Sauce. Und natürlich »Smörgasar«, fantasievoll belegte Brote, ähnlich dem dänischen Smörrebröd. Immer mit einem Salatblatt, darauf Eier, Roastbeef, Lachs, Krabben – alles was der schwedische Feinkostladen zu bieten hat. Das Wichtigste für die mitfeiernden Kinder zuhaus: Fleischklößchen oder »Köttbullar«, wie sie in Schweden heißen. Auf die meisten Fischdelikatessen könnten sie vielleicht verzichten, nicht aber auf die »Köttbullar«.

Auf die süßen Sachen wie Beerengrütze, Milchreis und Gebackenes lauern die jüngeren Familienmitglieder natürlich auch. Wer sich die kleine Wampe zu voll schlägt, den plagt später schon mal ein Bauchgrimmen. Süß sind ebenfalls die Karamellkartoffeln, die es traditionell zu Julskinska, dem Weihnachtsschinken, gibt. Dazu schmeckt den Skandinaviern Grünkohl.

Überhaupt ist in schwedischen Gerichten fast immer etwas Zucker dabei. Einst war er nämlich ein Luxus, den sich kaum jemand leisten konnte. Als diese Zeiten endlich vorbei waren, machten sich die Schweden daran, ihr Zuckerdefizit aufzufüllen und gaben all ihren Rezepten einen süßen Kick.

Nach dem Essen gibt es süßen Punsch. Allerdings nicht für die Kinder, weil viel zu viel Alkohol darin ist. Oder Julglögg, ein Glühwein, der nicht ganz so hochprozentig ist. In Schweden trinkt man ihn schon die ganze Vorweihnachtszeit zum Aufwärmen. Der passende Trinkspruch in dieser Jahreszeit: »Glad Jul!«, was soviel heißt wie »Frohe Weihnachten!«

Fleischklößchen (Köttbullar)

Die Zwiebel pellen, würfeln und in der heißen Butter bei kleiner Hitze fünf Minuten dünsten. Das Hackfleisch mit den Zwiebeln, Semmelbröseln, Sahne, Ei und gehackter Petersilie verkneten. Mit Salz und Pfeffer kräftig abschmecken.

Aus der Masse kleine Fleischklößchen formen und bei mittlerer Hitze im heißen Öl rundherum braun braten.

Dazu kleine Pellkartöffelchen, Preiselbeeren aus dem Glas und eventuell Rahmsauce servieren.

Zutaten:

1	Zwiebel
10 g	Butter
400 g	Rindergehacktes
2 EL	Semmelbrösel
4 EL	Sahne
1	Ei
1 Bund	Petersilie
	Salz
	Pfeffer, frisch gemahlen
	Öl zum Braten

Julglögg

Zutaten:

1 l	Rotwein
0,2 l	Korn (32 Vol. %)
1/2	Zimtstange
5	Gewürznelken
200 g	Zucker
75 g	Rosinen
5 Stückchen	kandierter Ingwer
20 g	Mandeln in Stiften

Den Rotwein mit dem Korn, den Gewürzen, Rosinen, dem klein geschnittenen Ingwer und den Mandeln erhitzen, aber nicht kochen lassen. Zudecken und eine Nacht ziehen lassen. Kurz vor dem Servieren noch einmal erhitzen, abschmecken und eventuell nachsüßen. Sehr heiß servieren.

Zutaten:

4	Salzherings- oder Matjesfilets
100 ml	Sherryessig
2 EL	Öl
100 g	Zucker
200 ml	Tomatensaft
6	schwarze Pfefferkörner, zerstoßen
5 EL	Sherry

Eingelegter Sherryhering

Die Fischfilets in schmale Stücke schneiden und in eine Schüssel geben. Eine Lake aus den restlichen Zutaten mischen und über die Heringe geben. Vor dem Servieren mindesten einen Tag im Kühlschrank durchziehen lassen.

Wacholderhering (Enbärsill)

Essig, Wasser und Zucker mit den Gewürzen aufkochen und abkühlen lassen. Die Matjesfilets in mundgerechte Stücke schneiden, Zwiebeln schälen und klein schneiden, Dill fein hacken, alles abwechselnd in eine Schüssel schichten. Den abgekühlten Sud darübergießen und den Fisch zugedeckt mindestens einen Tag im Kühlschrank durchziehen lassen.

Zutaten:

125 ml	Weißweinessig
200 ml	Wasser
170 g	Zucker
5	Pimentkörner
2	Wacholderbeeren, zerstoßen
4	doppelte Matjesfilets
2	Zwiebeln
2 EL	feingehackter Dill

Finnland: Aus Wäldern und Seen

Alles was in Finnlands Wäldern und Seen gefangen und gesammelt werden kann, das lieben die Finnen.

Zum einen sind das Beeren und Pilze aus dem Wald. Besonders beliebt: Molte- oder Multbeeren. Sie sehen aus wie gelbe Brombeeren und sind ebenfalls in Norwegen heimisch. Verwendet werden diese Vitamin C-Bomben in Süßspeisen, Desserts und zur Herstellung von Wein und Likör. Der heißt in Finnland »Lakka«, so wie die Beere selbst. Zum anderen bieten finnische Wälder natürlich auch Leckerbissen für Fleischfreunde: Elche für den großen und kleinere Tiere wie Schneehühner und -hasen für den nicht ganz so riesigen Hunger.

Den großen Appetit der Finnen auf Fisch stillen Tausende Seen und das Meer. Jede Menge Rezepte mit Hering bzw. »Silakka«, Lachs bzw. »Lohi«, Forelle bzw. »Kirjoholi« und vielen anderen Fischen bietet die Landesküche. Im Sommer sind Krebse beliebt. Nicht wenige Rezepte, sowohl mit als auch ohne Fisch, stammen von den benachbarten Russen und Schweden, die das Land über Jahrhunderte regierten. So gibt es, ähnlich wie bei den skandinavischen Nachbarn, viele mit Zucker marinierte Heringsleckereien. Die Rezepte für Borschtsch, der hier »Borssikeitto« heißt, und Piroggen, auf finnisch »Piirakkat«, haben die russischen Besatzer hinterlassen. Trotzdem gelten heutzutage die berühmten mit Reis oder Kartoffeln gefüllten Piroggen mit Eibutter als typisch finnische Spezialität.

Ebenso wie »Kalakukko«, ein Roggenbrot mit eingebackenem Fisch und Speck. Früher wurden diese gefüllten Brote im Herbst gebacken, um damit die strengen Winter zu überleben. Erstaunlicherweise waren sie sehr lange haltbar. Wenn der Hunger kam, erwärmte man sie und schnitt dann oben einen Deckel ab. Die Füllung wurde zuerst ausgelöffelt, danach ließ man sich die Brotkruste schmecken. Wer nach Helsinki reist, kann diese Spezialität in der Markthalle am Hafen probieren.

Neben ihren Schätzen aus den Wäldern und Seen finden sich natürlich auch reichlich andere Lebensmittel auf Finnlands Speisekarten: Gerichte mit Fleisch von Rentieren, die nicht wie Elche wild leben, von Rindern und Schweinen. Speisen mit Kartoffeln, Gemüse und Obst, sowie Gebackenes. Auf den Getränkekarten an erster Stelle steht Kaffee, denn wie auch ihre skandinavischen Nachbarn gehören die Finnen zu Europas größten Kaffeetrinkern.

Fisch in der Brothülle
(Kalakukko)

Für den Teig das Mehl mit Fett, Salz und Wasser gut durchkneten. Er soll zwar etwas fest, dabei aber noch formbar sein, eventuell etwas mehr Roggenmehl zugeben. Den Teig eine Stunde ruhen lassen.

Für die Füllung den Fisch waschen, trocken tupfen und in mundgerechte Stücke schneiden. Das Schweinefleisch würfeln, den Speck in dünne Scheiben schneiden. Die Kräuter waschen, trocknen und hacken. Den Teig auf einem bemehlten Backbrett etwa 1 cm dick zu einer ovalen Scheibe ausrollen, einen glatten Rand schneiden und die Teigreste aufbewahren. Auf die Mitte der Teigplatte abwechselnd Fisch, Fleisch und die gehackten Kräuter schichten und jeweils salzen und pfeffern, insgesamt dreimal. Außen einen Rand von 10 cm zum Schließen des Brotes lassen. Den überstehenden Rand nach innen über die Füllung klappen und mit Wasser bepinseln. Aus den Teigresten erst eine Kugel formen und dann einen ovalen Deckel ausrollen. Diesen über den noch offenen Teil des Brotes legen, fest andrücken und das Brot damit verschließen. Den Deckel mit einem Zahnstocher einige Male einstechen. Im vorgeheizten Backofen zunächst zwei Stunden bei 200°C (Gas Stufe 3) backen, danach den »Kalakukko« mit Alufolie abdecken und bei 170°C (Gas Stufe 2) noch bis zu drei Stunden weiterbacken.

Zutaten:

300 g	Weizenmehl
450 g	Roggenmehl
150 g	Butter oder 150 ml Öl
1 EL	Salz
400 ml	Wasser
750 g	Fischfilet von Kabeljau, Barsch und/oder Forelle
250 g	Schnitzelfleisch
150 g	durchwachsener Speck
1/2 Bund	Dill
1/2 Bund	Petersilie
	Salz
	Pfeffer, frisch gemahlen

Preiselbeerparfait
(Karpalojäädike)

Zutaten:

1 Glas	Preiselbeeren oder TK Cranberries
2	Eigelb
150 g	Zucker
500 ml	Sahne
	frische Beeren zum Garnieren

Die Preiselbeeren abgießen und pürieren. Eigelb und Zucker mischen und mit dem Mixer schaumig schlagen, 400 ml Sahne steif schlagen. Preiselbeerpüree unter die Eigelbmasse rühren, danach vorsichtig die Schlagsahne unterheben.

Eine kleine Kastenform kalt ausspülen und die Masse einfüllen. Im Gefrierfach gut durchfrieren lassen und mit der restlichen Schlagsahne und frischen Beeren garniert servieren.

Steckrübensuppe (Lanttusoppa)

Zutaten:

1	Zwiebel
1/2	Steckrübe
3 EL	Butter
2 EL	Mehl
1000 ml	Fleischbrühe
	Salz
	Pfeffer, frisch gemahlen
	Muskatnuss, frisch gemahlen
250 ml	Sahne
4 EL	geriebener Käse
1 Bund	Petersilie

Die Zwiebel pellen, die Steckrübe schälen und beides in kleine Würfel schneiden. Die Butter in einem Topf schmelzen lassen und die Würfel darin andünsten. Mit dem Mehl bestäuben und mit der Fleischbrühe ablöschen. Aufkochen und etwa 25 Minuten köcheln lassen.
Die Sahne zugeben und die Suppe abschmecken. Vor dem Servieren den Käse in die Suppe geben und mit gehackter Petersilie bestreuen.

Tipp: Feiner wird die Suppe, wenn die Gemüsewürfel nach dem Garen püriert werden.

Dänemark: Deftig und süß

Hier sind die fröhlichsten Schlemmer Skandinaviens zuhause. Um Kalorien oder Fettgehalte scheint sich dort niemand Sorgen zu machen. Schlankheitsapostel und Miesepeter sollten Dänemark deshalb nicht als Reiseziel wählen. Wer dagegen gerne ausgiebig schlemmt, ist willkommen in unserem Nachbarland im Norden. Und darf zugreifen bei appetitlich belegten »Smörrebröd«, mit süßen Backpflaumen oder Äpfeln gefülltem Schweinebraten, dänischen Desserts und Buttergebäck.

Die beliebte Kombination von Süßem und Deftigem macht auch vor den Beilagen nicht halt. So schmecken Dänen Kartoffeln viel besser, wenn sie zuvor karamellisiert wurden. Und auch die Kohlbeilage verträgt gut noch einen Löffel Zucker extra. Dazu schmecken das eine oder andere Bier und auch Aquavit. Der Schnaps mit dem leichten Kümmelaroma hat in Dänemark eine lange Tradition. Als »Aqua vitae« oder Lebenswasser wurde er schon im 16. Jahrhundert als Universalmedizin gegen hundertundein Zipperlein eingesetzt. Dreihundert Jahre später war dann in Aalborg die Geburtsstunde des gleichnamigen berühmten Markenaquavits. Heute werden in Dänemark etwa drei Viertel der gesamten skandinavischen Lebenswasser produziert.

Wie ihre schwedischen Nachbarn lieben die Dänen aber auch Bier. Notgedrungen, denn Wein wollte im kühlen Norden noch nie wachsen. Und so ist es dann auch kein Wunder, dass Braumeister aus Kopenhagen ihre Produktionsmethoden immer mehr verbesserten und dänisches Bier bereits im 19. Jahrhundert weit über die Landesgrenzen hinaus berühmt machten.

Mindestens ebenso berühmt: »Smörrebröds«. Die leckeren Butterbrote sind übrigens typisch dänisch und keineswegs schwedisch, wie viele Freunde der skandinavischen Küche annehmen. Ein renommierter Weinhändler in Kopenhagen servierte sie seinen Gästen in der zweiten Hälfte des 18. Jahrhunderts zum ersten Mal. Inzwischen gibt es rund 150 verschiedene Arten, belegt mit geräuchertem und eingelegtem Fisch, Krabben und anderen Meeresfrüchten, gebratenem Fleisch, Roastbeef, Leber, Geflügel, Eier, Käse ... Fast immer dabei sind Salat und Mayonnaise, beziehungsweise die köstliche dänische Remoulade. Zusammen mit Bier und einem eiskalten Aquavit sind »Smörrebröds« absolut partytauglich. Was fehlt, ist höchstens noch etwas Süßes zum Abschluss wie Rote Grütze mit Sahne oder »Verschleiertes Bauernmädchen«, ein köstliches Dessert mit Apfelmus.

Remoulade

Eigelb und Senf, beides zimmerwarm, sowie Salz mit dem Mixer gut verschlagen, danach das Öl erst in dünnem Strahl, dann in dickerem untermixen, bis eine Mayonnaise daraus wird. Mit Zitronensaft und Pfeffer abschmecken. Die Zwiebel, Gurke und Kapern fein hacken und mit den Kräutern unterrühren.

Zutaten:

2	Eigelb
1 EL	Senf
	Salz
125 ml	Rapsöl
1 EL	Zitronensaft
	Pfeffer
1	Zwiebel
1	Gewürzgurke
1 EL	Kapern
1 TL	frischer Estragon oder Kerbel, gehackt

Smörrebröd mit Muscheln (Blaskjellsmörbröd)

Die Toastscheiben buttern, erst mit dem Salat und dann mit den Muscheln belegen und pfeffern. Zwiebel pellen und in dünne Ringe schneiden.
Die Brote mit Zwiebel, Remoulade und Dill garnieren.

Zutaten:

4	Scheiben Toastbrot
	Butter
4	Salatblätter
1 Glas	marinierte Miesmuscheln
	Pfeffer aus der Mühle
1	rote Zwiebel
4 EL	Remoulade
	Dill zum Garnieren

Smörrebröd mit Radieschensalat
(Sommersalat med Radise)

Zutaten:

150 g	Quark
3 EL	Mayonnaise
8	Radieschen
1/4	Salatgurke
1	Frühlingszwiebel
	Salz
	Pfeffer aus der Mühle
4 Scheiben	Vollkornbrot
	Butter
4 schöne Blätter	Friséesalat

Quark und Mayonnaise verrühren. Radieschen putzen, sechs davon in feine Stifte, die restlichen zwei zum Garnieren in Scheibchen schneiden. Gurke würfeln, Frühlingszwiebel putzen und in feine Ringe schneiden. Die grünen Teile zum Garnieren beiseite legen. Gemüse unter die Quarkcreme mischen, salzen und pfeffern.

Die Brotscheiben buttern und mit je einem Salatblatt belegen, den Radieschensalat darauf anrichten und mit dem Zwiebelgrün und den Radieschenscheiben garnieren.

Tipp: Den Radieschensalat können Sie auch zu Ofenkartoffeln servieren.

Verschleiertes Bauernmädchen
(Bondepige med Slör)

Zutaten:

300 g	altbackenes Roggenbrot
1 EL	Butter
2–3 EL	Zucker
400 ml	Apfelmus
125 ml	Sahne

Das Brot grob reiben. In einer Pfanne die Butter zerlassen, darin das Brot zusammen mit 2 EL Zucker rösten, bis es wie Krokant ist. Danach abkühlen lassen.

In einer Glasschüssel oder in vier schönen Gläser den Boden mit dem gerösteten Brot bedecken, darauf eine Lage Apfelmus geben. Wiederholen und das Ganze mit einer letzten Lage Brot abschließen. Die Sahne steif schlagen, etwas süßen und das Dessert vor dem Servieren damit überziehen.

Smörrebröd mit Lachs und Rührei (Röget Laks og Röräg)

Zutaten:

2	Eier
	Salz
	Pfeffer
2	Scheiben Roggenbrot
	Butter
4	Scheiben Räucherlachs
	Dill zum Garnieren

Eier mit Salz und Pfeffer verquirlen und in einer Pfanne mit etwas Butter ein Rührei braten. Etwas abkühlen lassen und in Streifen schneiden. Die Brote buttern und mit je einer Scheibe Lachs belegen. Quer über den Lachs die Rühreistreifen legen und mit Dill garnieren.

Deutschland: Kartoffeln und Gurken

Mehr als 200 Jahre ist es her, dass Friedrich der Große seinen Untertanen Kartoffeln verordnete. Zunächst waren die nahrhaften Knollen nur Grundnahrungsmittel in Preußen, später dann in ganz Deutschland. Und sie sind immer noch beliebt. Jeder Deutsche verleibt sich jährlich um die 75 Kilo an Erdäpfeln ein, entweder als Salzkartoffel-Beilage oder in einem Kartoffelgericht. Jede Region hat ihre eigenen Rezepte für Kartoffelklöße, Kartoffelpuffer, Kartoffelsuppe, Kartoffelsalat, Kartoffelpüree oder -brei. Als Berlinerin habe ich natürlich auch regionale Lieblingsgerichte mit der Knolle, und das schon, solange ich zurückdenken kann. Zum einen Kartoffelbrei mit Schmorgurken, heute gern auch mit einem Filet vom Havel-zander. Und dann noch Pellkartoffeln mit Weißkäse und Leinöl, ein typisches Gericht aus dem nahe gelegenen Spreewald in Brandenburg.

Dort wird auch das leuchtend gelbe Leinöl gewonnen. Aus den kleinen braunen Samen der Flachs- oder Leinpflanze entsteht es, und zwar durch Kaltpressung. Sein Geschmack ist sehr intensiv und leicht bitter. Vielleicht ist dies der Grund, dass die Ölspezialität im übrigen Deutschland nicht so beliebt ist wie hier. Schade, denn durch seinen hohen Anteil an der dreifach ungesättigten Linolsäure ist es sehr gesund.

Die Spreewaldgurken aus dieser landschaftlich einzigartigen Region mit ihren Labyrinthen von Wasserläufen und Auenwäldern hatten da mehr Glück. Sie sind weit über die Landesgrenzen Brandenburgs hinaus bekannt. Die mit Essig, Zucker und Salz haltbar gemachten Gurken schmecken schon seit Urzeiten zu kaltem Fleisch, Wurst, Käse und Brot. Dazu noch ein Bier, oder eine »kühle Blonde«, wie es hier heißt, mehr braucht es meist nicht auf den Abendbrottischen in dieser Gegend. Slawen sollen ihre Kenntnisse über das Einsäuern von Gurken bereits im 6. und 7. Jahrhundert mitgebracht haben. So wie die knackigen Sauren heute schmecken, werden sie jedoch erst seit etwa hundert Jahren hergestellt.

Nach soviel sauren Gurken noch Lust auf etwas Süßes aus meiner Region? Weil Berliner (Pfannkuchen) ja in aller Welt bekannt sind, möchte ich ein Loblied auf Mohnpielen singen. Eine Spezialität mit schlesischem Einschlag, die nicht nur meine Mutter jedes Jahr zu Silvester macht. Und die jeder mag, der auch auf Mohnkuchen steht ...

Spreewälder Gewürzgurken

Zutaten:

2 kg	kleine Gurken, 6–9 cm lang
3 TL	Salz
300 g	Frühlingszwiebeln
6 Stängel	Dillblüten
5	Lorbeerblätter
3	Wacholderbeeren
3	Thymianzweige
2	Knoblauchzehen
10	Pfefferkörner

für die Essiglösung:

750 ml	Wasser
500 ml	Kräuteressig
40 g	Salz
70 g	Zucker

Die Gurken gründlich waschen und mit einer Rouladennadel mehrmals einstechen. In einer Schüssel mit dem Salz bestreuen und mit Wasser bedecken. Einen halben Tag darin marinieren und danach mit klarem Wasser abspülen.

Frühlingszwiebeln putzen und waschen, nur die weißen Teile in 2 cm große Stücke schneiden, grüne Teile anderweitig verwenden. Die Zwiebelstücke und Gurken mit den Kräutern und Gewürzen in einen Ton- oder Steinguttopf oder Gläser geben. Zutaten für die Essiglösung zusammen aufkochen und noch heiß über die Gurken gießen. Abgedeckt drei Wochen an einem kühlen Ort durchziehen lassen.

Mohnpielen

Zutaten:

150 g	Rosinen
30 ml	Rum
400 g	gemahlener Mohn
200 g	Zucker
1 l	Milch
500 g	altbackene Brötchen oder Zwieback
100 g	Mandelblättchen
	Zimt, gemahlen

Rosinen 30 Minuten in Rum einweichen. Mohn, Rosinen, die Hälfte des Zuckers und 1/2 l Milch in einen Topf geben und kurz aufkochen lassen. Den Topf dann sofort vom Herd nehmen und die Mischung ausquellen lassen.

Die Brötchen klein schneiden bzw. den Zwieback in Stücke brechen, in eine Schüssel geben und mit dem restlichen Zucker bestreuen. Die restliche Milch erwärmen und über das Brot gießen. Nun in einer Glasschüssel den Boden mit dem eingeweichten Brot auslegen, darüber eine Schicht Mohn verteilen und mit Mandeln und etwas Zimt bestreuen. Weiter abwechselnd die Brotmasse, den Mohn sowie Mandeln und Zimt in der Schüssel schichten, bis alles verbraucht ist. Abgedeckt über Nacht im Kühlschrank durchziehen lassen und am nächsten Tag servieren.

Tipp: Dazu passt eine Vanillesauce oder ein Apfelkompott.

Kross gebratene Zanderfilets

Zutaten:

4	Zanderfilets mit Haut (à 100–150 g)
	Salz
	Pfeffer frisch gemahlen
1–2 EL	Mehl
3–4 EL	Pflanzenöl

Die Zanderfilets salzen und pfeffern, die Hautseite mit etwas Mehl bestäuben. Das Pflanzenöl in einer großen Pfanne nicht zu heiß werden lassen und die Fischfilets zuerst auf der Hautseite gute 2 Minuten anbraten. Den Fisch wenden und auf der anderen Seite 2 Minuten braten. Nochmals wenden und die Hautseite braten, bis sie kross ist.

Tipp: Wenn möglich, wird das Gericht in Berlin und Brandenburg mit Havelzander zubereitet.

Berliner Schmorgurken

Die Gurken schälen, der Länge nach halbieren, entkernen und quer in knapp 1 cm breite Stücke schneiden. Die Zwiebel pellen und würfeln, ebenfalls den Schinkenspeck. Die Butter schmelzen lassen, die Speckwürfel bei mittlerer Hitze ausbraten. Zwiebel darin anschwitzen.

Die Gurken zugeben und zugedeckt bei geringer Hitze etwa 10 Minuten garen. Danach die Sahne zugeben und den Sud ohne Deckel auf ein Drittel reduzieren. Mit Salz und Pfeffer abschmecken. Dill waschen, trocknen, die Zweiglein von den Stielen zupfen und fein schneiden. Zum Servieren über das Gurkengemüse geben und zu den Zanderfilets servieren.

Tipp: Dazu passen kleine Butterkartoffeln oder Kartoffelpüree.

Zutaten:

800 g	Schmorgurken
1	Zwiebel
40 g	Schinkenspeck
40 g	Butter
100 ml	Sahne
	Salz
	Pfeffer, frisch gemahlen
1 Bund	Dill

Luxemburg: Bohnen und Krebse

Ausgerechnet Grüne Bohnensuppe ist ein Nationalgericht der Luxemburger? Erstmal schwer vorstellbar, denn für viele Europäer steht das kleine Großherzogtum für Wohlstand, wenn nicht gar Reichtum. Bei mehr als zweihundert Bankniederlassungen aus aller Welt ist dieser Gedanke nicht weit hergeholt. Champagner, Kaviar und Hummer kommen einem da eher in den Sinn als eine, wenn auch eiweißreiche Gemüsesuppe.

Aber Bohnen haben in Luxemburg eine lange Tradition. Vor allem die lange haltbaren getrockneten Bohnen standen in früheren Zeiten regelmäßig auf dem Speiseplan. Im Süden des kleinen Landes versorgten sich die Menschen sogar den ganzen Tag über mit den nahrhaften Hülsenfrüchten. Dort hieß es: Morgens Bohnensuppe, mittags geronnene Milch mit Bohnen, und abends nochmal Brei mit Bohnen. Dass sie deshalb »Bounesäck« oder gar »Bouneschesser« genannt wurden, verwundert nicht wirklich. Das Besondere an der »Bouneschlupp« war für die Luxemburger, dass sie aus zarten grünen und nicht aus getrockneten Bohnen zubereitet wurde, die es nur im Sommer gab. Und dann waren da ja noch die köstlichen Beilagen zur Suppe: Knusprige Kartoffelpuffer oder gar süße Waffeln, alles zusammen also fast ein Festessen.

Nach etwas mehr Luxus klingt ein anderes traditionelles Lieblingsessen der Luxemburger. Ob arm oder reich, alle erfreuen sich seit Jahrhunderten an »Kriipsen« oder Krebsen. Die einfachen Leute aßen sie mit Kartoffeln, die Oberschicht veranstaltete Krebsdiners, bei denen dann auch der Champagner floss. Der Reichtum an Krustentieren in Luxemburgs Flüssen soll sogar Frankreichs Sonnenkönig Ludwig XIV. begeistert haben, als er Ende des 17. Jahrhunderts das Land besuchte. Leider war ab 1880 Schluss damit. Eine Krebspest in Europas Flüssen war schuld daran. Die Vorliebe zu diesem Essen ist geblieben, heutzutage werden die Krebse halt importiert.

Weitere typische Gerichte des Landes kommen auch aus der Fleischküche: Die Keule vom Schwein wird gern gebraten, andere Teile wie der Nacken gepökelt oder geräuchert und mit Saubohnen gegessen. Zu Weihnachten gibt es in vielen Familien noch traditionell Blutwurst. Aus Rindfleisch macht die Luxemburger Hausfrau am liebsten Sauerbraten. Und dann gibt es auch noch »Kniddelen«, kleine Mehlklößchen, die mit geriebenem Käse und ausgelassenem Speck gegessen werden.

Berühmt sind Luxemburger Weine und die klaren Schnäpse aus den verschiedensten Obstsorten: Äpfel, Birnen, Kirschen, blaue und gelbe Pflaumen, Schlehen, Quitten, Himbeeren und Trauben, allesamt bilden die Grundlagen für feine »Eaus de Vie«. An der Mosel reifen die Trauben für die Weine. Neben Riesling, Grau- und Schwarzburgunder sowie Gewürztraminer ist Elbling der bekannteste. Aber auch Bier hat Tradition.

Krebse in Gemüse-Sahne-Sauce
(Kriipsen)

Zutaten:

1,5 kg	Krebse, lebend
	Salz
2	Möhren
2	Zwiebeln
2	Lauchstangen
1/2	Sellerieknolle
100 g	Butter
	Pfeffer, frisch gemahlen
2 EL	gehackter Estragon
1 EL	Mehl
2 cl	Cognac
700 ml	Weißwein
500 ml	Sahne

Die lebenden Krebse gründlich abbürsten und waschen. In einem großen Topf reichlich Salzwasser sprudelnd kochen lassen. Um die Krebse zu töten, nacheinander mit der Nase voran für 2 Minuten ins Wasser geben und dann wieder herausnehmen. Wichtig: Das Wasser muss bei jedem neuen Krebs wieder sprudelnd kochen!

Das Gemüse schälen, putzen, waschen und sehr fein schneiden. Die Butter in einem großen Topf erhitzen, die Krebse hineingeben und kurz anbraten, salzen und pfeffern. Gemüse und Estragon ebenfalls zugeben und anschwitzen. Das Mehl überstäuben und unterrühren, alles mit dem Cognac flambieren.

Den Wein und die gleiche Menge Wasser zugießen und zum Kochen bringen. Die Sahne ebenfalls zugeben, wieder erhitzen und die Krebse noch 3 Minuten bei geringer Hitze ziehen lassen. Mit frischem Baguette servieren.

Sauerbraten (Biwwelemoud)

Zutaten:

2	Zwiebeln
2	Möhren
1 Stange	Lauch
200 g	Knollensellerie
2	Lorbeerblätter
1	Gewürznelke
4	schwarze Pfefferkörner
500 ml	Rotwein
100 ml	Weinessig
1 kg	Rinderschmorbraten
	Salz
3 EL	Öl
1 EL	Mehl
500 ml	Fleischbrühe
100 ml	Sahne

Das Gemüse schälen und putzen, Lauch sorgfältig waschen. Alles grob zerschneiden und mit den Gewürzen, dem Rotwein und dem Essig eine Marinade zubereiten. Das Fleisch hineinlegen, es soll von der Flüssigkeit bedeckt sein, und 3 Tage lang an einem kühlen Ort marinieren. Dabei zweimal täglich wenden.

Das Fleisch aus der Marinade nehmen und mit Küchenpapier trocken tupfen, danach rundherum mit Salz einreiben. In einem Bräter oder einer Schmorpfanne das Öl erhitzen und das Fleisch von allen Seiten braun anbraten. Das Gemüse aus der Marinade nehmen, dazugeben und ebenfalls kräftig anbraten. Das Mehl anschwitzen, nach und nach die Marinade und die Fleischbrühe zugießen, und dann den Braten zugedeckt etwa 2 Stunden schmoren lassen.

Vor dem Anrichten das Fleisch aus der Schmorflüssigkeit nehmen und warm stellen. Die Sauce durch ein Sieb passieren, etwas einkochen lassen und mit der Sahne binden. Das Fleisch in Scheiben schneiden und mit der Sauce servieren. Dazu passen sowohl Salzkartoffeln als auch Kartoffelpuffer.

Kartoffelpuffer
(Gromperekichelcher)

Zutaten:

750 g	Kartoffeln
2	Zwiebeln
1	kleines Bund Petersilie
2	Eier
2–3 EL	Mehl
	Salz
	Pfeffer, frisch gemahlen
	Öl zum Braten

Die Kartoffeln waschen, schälen und grob reiben. In ein Küchentuch geben und auspressen. Zwiebeln schälen, Petersilie waschen, beides fein hacken und unter die Kartoffeln mischen. Die Eier verquirlen und unterrühren, zur Bindung das Mehl unterrühren. Mit Salz und Pfeffer abschmecken.

In einer Pfanne das Öl gut erhitzen und portionsweise jeweils 3 Puffer von jeder Seite 3–4 Minuten goldgelb braten. Nach dem Herausnehmen überschüssiges Fett auf Küchenpapier abtropfen lassen und warm servieren.

Grüne Bohnensuppe
(Bouneschlupp)

Von den Bohnen, wenn nötig, die Fäden abziehen, waschen und in Stücke schneiden. Das Gemüse schälen und putzen, den Lauch gründlich waschen und alles klein schneiden. Kartoffeln schälen, ebenfalls zerschneiden. In einem Topf das Fett heiß werden lassen und die Bohnen sowie das Gemüse darin andünsten. Mit 1 Liter Wasser auffüllen, die Kartoffeln und den Speck im Stück zugeben und alles 25 Minuten kochen lassen.

Wenn alles gar ist, den Speck aus der Suppe nehmen, in kleine Stücke schneiden und wieder zurück in den Topf geben. Nun die Milch zugeben und erhitzen, zuletzt mit der Sahne verfeinern. Mit Salz und Pfeffer abschmecken und mit Kartoffelpuffern servieren.

Zutaten:

600 g	grüne Bohnen
1	Karotte
1	Zwiebel
1	Stange Lauch
100 g	Knollensellerie
4	große Kartoffeln
1 EL	Fett
250 g	Räucherspeck
125 ml	Milch
125 ml	Sahne
	Salz
	Pfeffer, frisch gemahlen

Tipp: Zum Originalrezept gehören breite grüne Bohnen, die es jedoch nur im Sommer gibt. Sie benötigen eine etwas längere Garzeit.

Belgien: Pommes frites, Bier und Schokolade

Wer hat eigentlich die Pommes frites erfunden? Dass es die Belgier gewesen sein müssen, wurde mir klar, als ich das erste Mal in Brüssel zu Gast war. Imbissstände, an denen sich Hungrige für die frittierten Kartoffelstäbchen anstellten, gab es an jeder Ecke. Mit den verschiedensten Saucen oder auch ohne, einfach so auf dem Teller oder im ausgehöhlten Baguette. Ja wirklich, Pommes im Weißbrot sind in Brüssel ein Renner!

Genau wie die heißen Waffeln mit Puderzucker oder Schlagsahne, die ebenfalls als Snack angeboten werden. Bei schönem Wetter kommt sogar im Park ein kleiner Transporter vorbei, der die süßen Köstlichkeiten den Spaziergängern verkauft. Besonders gut: Wenn sich auf der Sahne außerdem noch Früchte türmen. Aber noch eine zweite Verführung wartet auf Süßschnäbel in Belgien, die weltberühmten Pralinen. Diese edlen Naschereien aus Butter, Sahne, Nougat, Marzipan, Früchten, Likören und mehr sind nicht nur zum Selbstessen gut, sie eignen sich auch wunderbar als Mitbringsel.

Wegen seiner Lage an der Nordsee spielen natürlich auch Fisch und Meeresfrüchte eine große Rolle in Belgien, vor allem in Regionen nahe der Küste. Muscheln und Austern sind sehr beliebt, und dazu gibt es – natürlich – Pommes frites. Im Landesinneren stehen dagegen mehr Fleischgerichte auf der Speisekarte. Überall begehrt sind Eintöpfe wie »Gentse Waterzooi«, ein Löffelgericht mit Gemüse und Hähnchenfleisch. Außerdem hoch im Kurs: Wild aus den Ardennen sowie Kaninchenfleisch, gern geschmort in einem der vielen belgischen Biere.

Denn in keinem anderen europäischen Land werden so viele unterschiedliche Biere gebraut wie dort. Auch der Pro-Kopf-Verbrauch an Bier liegt in der europäischen Statistik ganz oben. Da gibt es helles wie das spritzige »Witte Bier«, das säuerliche »Geuze« sowie helles und dunkles »Leffe«, ein etwas gehaltvollerer Gerstensaft. Noch schwerer sind malzige Sorten wie »Tipel«, die schlagen ungeübten Zechern schnell die Beine weg. Wer es dagegen fruchtig mag, der sucht sich vielleicht ein mit Kirschsaft versetztes Bier aus.

Belgische Waffeln

Das Mehl in eine große Schüssel geben, in die Mitte eine Vertiefung hineindrücken. Hefe und Zucker in der lauwarmen Milch verrühren und in die Mehlkuhle geben. Die Eier trennen, Eigelb und Butter auch zum Mehl geben und alles zu einem flüssigen Teig verarbeiten. Eiweiß steif schlagen und ebenfalls unterheben. Den Teig eine knappe Stunde gehen lassen, er sollte sich stark vergrößern.

Das vorgeheizte Waffeleisen einfetten, den Teig portionsweise einfüllen und nacheinander die Waffeln 3–4 Minuten backen. Am besten noch heiß bestreut mit Puderzucker oder mit Schlagsahne servieren.

Tipp: Im Backofen halten sich die Waffeln auf einem Gitter bei 100°C auch etwas länger heiß.

	Zutaten:
250 g	Mehl
15 g	Hefe
50 g	Zucker
375 ml	lauwarme Milch
3	Eier
100 g	weiche Butter oder Margarine
	Fett für das Waffeleisen
	Puderzucker und/oder Schlagsahne

	Zutaten:
2 kg	Miesmuscheln
3 Stangen	Staudensellerie
3	Möhren
1	Porreestange
2	Zwiebeln
2 EL	Butter
500 ml	belgisches »Witte Bier« oder helles Hefeweizen
	Salz
	Pfeffer
1 Bund	Petersilie

Miesmuscheln im Biersud
(Moules)

Die Miesmuscheln falls nötig putzen, am besten mit einer Bürste unter fließendem Wasser. Auch den Bart entfernen, einfach kräftig daran ziehen. Teilweise gibt's im Handel aber auch schon geputzte Muscheln. Offene und beschädigte Muscheln aussortieren, nur geschlossene Exemplare verwenden. Probehalber offene Muscheln berühren, spätestens dann sollte die Schale zuklappen.

Das Gemüse putzen, waschen und klein schneiden. Zwiebeln pellen und würfeln. In einem großen Kochtopf die Zwiebeln in der Butter kurz andünsten, das Gemüse ebenfalls zugeben und fünf Minuten mitdünsten. Jetzt die gesäuberten Muscheln dazugeben, umrühren, mit dem Bier ablöschen, nochmal alles gut umrühren und sechs bis acht Minuten zugedeckt köcheln lassen. Zwischendurch den Topf rütteln, damit sich alle Muscheln gut öffnen können. Wenn jetzt noch geschlossene dabei sind – weg damit. Mit Salz und Pfeffer würzen, und mit gehackter Petersilie bestreut servieren.

Tipp: Stilecht servieren Sie die Muscheln mit Pommes frites, zusammen mit frischem Baguette schmecken sie aber auch gut.

Niederlande: Käse und Matjes

Dass Holland, beziehungsweise die Niederlande, als Käseland gilt, kann kaum an der Sortenvielfalt liegen. So groß ist sie nämlich gar nicht. Dafür sind die produzierten Mengen an Edamer mit seiner roten Rinde, Gouda, Leerdammer und Co. enorm. Viele von den riesigen, runden Laiben werden exportiert, zum Beispiel ins benachbarte Deutschland. Und dann gibt es da ja auch noch Frau Antje, die blond bezopfte Käse-Botschafterin. Dank unzähliger Werbeaktionen in den letzten Jahrzehnten ist sie vielen Deutschen bekannter als die erste Frau in den Niederlanden, Königin Beatrix.

Mit dem Käse, der im Land bleibt, wissen die Holländer einiges mehr anzufangen, als ihn nur aufs Brot zu legen. Denn so isst man ihn nur tagsüber, zum reichhaltigen Frühstück und in der Mittagspause. Interessanter wird es abends. Dann taucht mit Käse Überbackenes und Gefülltes auf, Käse in Suppen und Salaten, ja sogar die berühmteste Sauce des Landes, die Hollandaise, lässt sich noch mit ihm verfeinern. Und zum Abschluss eines Essens eignet sich Käse sowieso.

Überhaupt ist das Abendessen in den Niederlanden die wichtigste Mahlzeit. Beliebt ist deftige Hausmannskost, besonders beliebt »Hutspot«. Wie ein Eintopf wird das Gericht aus Fleisch, Kartoffeln und Möhren oder anderem Gemüse zubereitet, jedoch als Püree serviert. Es gilt schon fast als Nationalspeise. Tradition hat ebenfalls »Erwtensoep«, womit Erbsensuppe mit Schweinefleisch und Würstchen gemeint ist. Nicht nur dieses Gericht würde so manch einer auch der deutschen Küche zuordnen. Auf enge Nachbarschaft lassen ebenfalls Gerichte wie »Boerenkool met Rookworst«, also Grünkohl mit Räucherwurst, schließen. Beliebt an der Küste sind Muscheln und Fisch.

Ganz allein dürfen die Holländer auf ihren Matjes stolz sein, und das schon seit dem 14. Jahrhundert. Der in den Niederlanden allerdings gar nicht so heißt, dort ist es einfach der »Nieuwe Haring«, der neue Hering. Vielleicht leitet sich der deutsche Begriff Matjes ja von dem Wort »Meisje«, holländisch für Mädchen, ab. Die Fischspezialität wird nämlich aus jungfräulichen Heringen hergestellt, und nur dann, wenn sie gerade vor der Fruchtbarkeitsphase stehen und den richtigen Fettgehalt haben. Nach dem Fang werden die Fische an Bord sofort schockgefrostet und erst an Land verarbeitet. Erst dann verschwinden die Heringe zum Reifen in Fässern mit Salzlake. Ende Mai ist es dann soweit. Einen Monat lang haben die jungen, butterzarten Matjesheringe Hochsaison. Im ganzen Land isst man sie einfach so im Brötchen mit Zwiebeln, am liebsten vom Imbissstand. Das hindert den Matjes aber nicht, richtig feingemacht ebenso auf Speisekarten guter Restaurants aufzutauchen.

Immer gut passen dazu Bier und eisgekühlter »Jenever«, der einheimische Klare aus Wacholder. Mit beidem benetzen Niederländer ihre Kehlen am liebsten. Typische süße Speisen sind »Poffertjes«, eine Art kleine Muffins, und »Flensjes«, eine von 25 Pfannkuchenvariationen des Landes.

Äpfel mit Matjes und Linsenvinaigrette
(Appel met nieuwe haring en linzenvinaigrette)

Zutaten:

100 g	kleine Linsen
2 EL	Balsamessig
	Salz
	Pfeffer aus der Mühle
2 EL	Schnittlauchröllchen
4	säuerliche Äpfel
3 EL	Pflanzenöl
1	Zitrone, davon den Saft
250 ml	trockener Weißwein
2 EL	Zucker
4	Matjes-Doppelfilets

Die Linsen waschen und in Wasser je nach Sorte 30–45 Minuten kochen, dann in einem Sieb abtropfen lassen. Den Balsamessig mit Salz, Pfeffer und Schnittlauch verrühren, dann das Öl unterschlagen.

Die Äpfel schälen, Kerngehäuse ausstechen und quer jeweils in drei dicke Scheiben schneiden. Sofort mit dem Zitronensaft beträufeln, damit sie nicht braun werden. Den Weißwein mit 500 ml Wasser und dem Zucker aufkochen. Die Apfelscheiben in den Sud geben und 8–10 Minuten bei geringer Hitze vorsichtig garen. Sie sollen noch Biss haben.

Zum Servieren die Apfelscheiben auf großen Tellern anrichten, die Matjes darüber legen und mit der Linsenvinaigrette umgießen.

Rindfleisch-Kartoffel-Möhren-Eintopf (Hutspot)

Zutaten:

750 g	Rinderlende
1	Lorbeerblatt
	Salz
500 g	Möhren
500 g	Kartoffeln
250 g	Zwiebeln
100 g	Butter
	schwarzer Pfeffer, frisch gemahlen
1 Bund	Petersilie, gehackt

Das Fleisch mit Lorbeerblatt in einen Topf geben, knapp mit leicht gesalzenem Wasser bedecken und etwa 60 Minuten kochen. Dabei entstehenden Schaum abschöpfen.

Die Möhren und Kartoffeln schälen und beides in Würfel schneiden. Zwiebeln pellen und klein schneiden. Das Gemüse zum Ende der Garzeit in den Topf mit dem Fleisch geben und alles weitere 30 Minuten garen.

Fleisch herausnehmen und in Scheiben schneiden, das Gemüse zerstampfen. Die Butter in einer Pfanne erhitzen und leicht braun werden lassen. Zum Servieren das Gemüsepüree mit der Butter begießen und mit Petersilie bestreuen. Das Fleisch darauf anrichten.

Tipp: Ursprünglich wird das Fleisch gewürfelt mit dem Püree vermengt. In Scheiben geschnitten und darauf angerichtet sieht es aber appetitlicher aus.

Edamer in Mandelkruste mit Rotweinbirnen
(Edammer kaas in amandelkorst met rodewijnpeertjes)

Zutaten:

2	mittelgroße, reife Birnen
1	Zitrone, davon den Saft
350 ml	Rotwein
50 g	Zucker
2	Gewürznelken
1	Zimtstange
2 dicke Scheiben	Edamer, je etwa 125 g
	Schwarzer Pfeffer, frisch gemahlen
2 EL	Mehl
3 EL	Semmelbrösel
150 g	gehackte Mandeln
3 EL	süße Sahne
1	Ei
	Butterschmalz zum Braten

Zuerst die Birnen zubereiten: Die Früchte schälen, längs vierteln, die Kerngehäuse entfernen und sofort in Wasser mit Zitronensaft legen. Rotwein mit Zucker und den Gewürzen aufkochen, die Birnen hineingeben und 10 Minuten darin garen. Im Sud abkühlen lassen, damit sie auch innen rot werden.

Käsescheiben in je vier gleichmäßige Stücke schneiden. Auf beiden Seiten pfeffern, dabei den Pfeffer leicht eindrücken. Mehl, Semmelbrösel und Mandeln auf je einen flachen Teller geben. Auf einem vierten Teller Sahne und Ei verquirlen.

Die Käsestücke zuerst in Mehl, dann in Eiersahne und in Semmelbrösel wenden, die Panade gut andrücken. Noch ein zweites Mal durch die Eiersahne ziehen, dann so lange in den Mandeln wenden, bis sie dick davon überzogen sind. Auch diese Panade gut andrücken. Die Käsestücke mit Folie überzogen 30 Minuten in den Kühlschrank stellen.

Reichlich Butter in einer beschichteten Pfanne aufschäumen lassen und die Käsestücke darin bei nicht zu starker Hitze pro Seite etwa 2 Minuten braten, bis die Mandelkruste zart braun ist.

Kurz auf eine dicke Lage Küchenkrepp legen. Dann auf vier Desserttellern mit je zwei abgetropften Birnenvierteln anrichten. Dazu Baguette reichen.

Irland: Kohl, Kartoffeln und Whiskey

Vergleicht man die irische Esskultur mit der Trinkkultur des Landes, lässt letztere sicher mehr Herzen höher schlagen. Warum das so ist? Weil die grüne Insel im Laufe der Jahrhunderte von verschiedenen Hungersnöten geplagt wurde. Da blieb wenig Raum für kulinarische Experimente. Whiskey und Bier aus Irland sind dagegen weltberühmt.

Nationalgemüse der Iren waren und sind auch heute noch Kartoffeln und Kohl. Kartoffelpüree wird in vielen Restaurants als Standardbeilage serviert. Zu deftigen Fleischgerichten gibt es manchmal sogar beides zusammen, das heißt dann »Colcannon«. Ursprünglich handelt es sich dabei um eine irische Fastenspeise zu Halloween. Kartoffeln und Kohl gehören auch in das »Irish Stew«, ein deftiger Eintopf mit Lammfleisch und außerdem Nationalgericht der Iren.

Das typisch irische Frühstück ähnelt einem englischen. Es gibt gebratenen Speck und Würstchen, gegrillte Tomaten, Pilze, Eier und gebratenes Brot. Wenn auf dem Teller noch ein Plätzchen frei ist, passt auch noch eine Scheibe Weiß- und Blutwurst dazu. Allerdings wird so ausgiebig nur noch am Wochenende, auf dem Land und in Hotels getafelt. Gut, sättigend und fast immer dabei sind die irischen Brotsorten »Soda Bread« und »Brack«, ein dunkler Laib mit Trockenfrüchten.

Getreide, das nicht in der Backstube verarbeitet wird, erfreut die Iren in flüssiger Form. Zum einen als Whiskey, der in Irland mit einem »e« geschrieben wird. Der unverschnittene Branntwein aus Gerste, Weizen und Hafer wurde im 6. Jahrhundert von irischen Mönchen erfunden. Und entwickelte sich zu einer Legende der grünen Insel. Früher sagte man ihm sogar Heilkräfte nach. Whiskey schmeckt nicht nur kalt und pur sondern auch heiß. Besonders köstlich: »Irish Coffee« aus Whiskey, heißem Kaffee und braunem Zucker, gekrönt mit einem Schlag Sahne.

Mindestens ebenso berühmt ist »Stout«, ein dunkles kräftiges Bier, das für die andere Art der Getreideveredlung steht. Weltweit bekanntester Hersteller ist die Firma Guinness. In irischen Pubs wird es mit cremiger Schaumkrone in Pints ausgeschenkt, die einen guten halben Liter fassen. Helle Biere gibt es auch in Irland, allerdings ohne Schaum gezapft. Wenn dann der Hunger kommt, bieten die Pubs oder Public Houses auch einen Imbiss zur Stärkung an. Das kann eine Portion »Irish Stew«, Pizza oder anderes herzhaftes Gebäck sein.

Wahre Feinschmecker interessiert jedoch eher feiner Wildlachs, Hummer und Austern, die es ebenfalls auf der grünen Insel gibt. Erstaunlicherweise kehrt Fisch nur langsam auf die Speisekarten zurück. Er war früher schlichtweg ein Arme-Leute-Essen. Da hatten es Lammfleisch, Butter und Käse aus Irland leichter, sie sind mittlerweile sehr bekannt. Unangefochtener König der irischen Käsesorten ist der Rohmilch-Camembert »Durrus«.

Lammeintopf mit Kohl und Kartoffeln (Irish Stew)

Zutaten für 6 Personen:

1	Weißkohl, etwa 1 kg schwer
	Salz
1 kg	Kartoffeln
2	Möhren
4	Zwiebeln
4	Knoblauchzehen
1 Bund	Thymian
1,5 kg	Lammkeule ohne Knochen
	Pfeffer, frisch gemahlen
3 EL	Butterschmalz
1 l	heiße Fleischbrühe
1 TL	gemahlener Kümmel
1 Bund	Petersilie

Den Weißkohl vierteln, Strunk entfernen, in Streifen schneiden und in kochendem Salzwasser 3 Minuten blanchieren. Abgießen, mit kaltem Wasser abschrecken und abtropfen lassen. Kartoffeln und Möhren schälen und in Scheiben schneiden. Zwiebeln und Knoblauch pellen und beides würfeln, den Knoblauch fein. Thymianblättchen von den Stängeln streifen und fein hacken.

Lammfleisch in mundgerechte Stücke schneiden, dabei grobes Fett entfernen. Fleisch salzen und pfeffern und in Butterschmalz von allen Seiten anbraten. Zwiebeln und Knoblauch zugeben und glasig dünsten.

Den Backofen auf 220°C (Gas Stufe 4) vorheizen.
Nun alles in einen ofenfesten Schmortopf schichten. Zuerst Kohl, dann das Fleisch mit Zwiebeln und Knoblauch, Kartoffeln und Möhren, dabei jede Schicht mit etwas gemahlenem Kümmel und Thymian würzen. Die letzte Schicht sollte Kohl sein. Abschließend alles mit Brühe aufgießen. Im heißen Backofen 90 Minuten zugedeckt schmoren lassen. In der Zwischenzeit Petersilie waschen, trocken tupfen, Blättchen von den Stängeln zupfen und grob hacken. Wenn das Irish Stew fertig ist, nochmal kräftig mit Pfeffer würzen, eventuell nachsalzen. Mit Petersilie bestreut servieren.

Kartoffelplätzchen mit Käse und Speck
(Potatoe-Cakes with Cheddar and Bacon)

Zutaten für 16–18 Plätzchen:

1 kg	Kartoffeln, vorwiegend festkochend
	Salz
100 g	Cheddar
2-3	Thymianstängel
	oder 1 TL getrockneter Thymian
100 g	Frühstücksspeck
65 g	weiche Butter
180 g	Mehl
6 EL	Milch
	Mehl zum Bestäuben
	Fett für das Backblech oder Backpapier

Die Kartoffeln waschen, schälen und grob würfeln, in Salzwasser garen, abgießen und abdämpfen. Durch eine Kartoffelpresse in eine große Schüssel drücken oder mit einem Stampfer zu Püree verarbeiten und etwas abkühlen lassen.

Den Cheddar in kleine Würfel schneiden, Thymianblättchen von den Stängeln streifen, Frühstücksspeck in feine Streifen schneiden. Backofen auf 200°C (Gas Stufe 3) vorheizen.

Die Kartoffeln mit Butter, Mehl und Milch verkneten, die Cheddarwürfel ebenfalls unterkneten. Auf einer leicht bemehlten Arbeitsfläche aus dem Kartoffelteig eine Rolle von gut 30 cm Länge formen. Die Rolle in 16 etwa 2 cm große Stücke schneiden. Jedes Stück zu einer Kugel rollen und auf dem gefetteten Blech zu 1 cm dicken Plätzchen drücken. Die Plätzchen mit Thymian bestreuen, den Bacon als Häufchen in die Mitte setzen. Die Plätzchen im vorgeheizten Ofen auf der vorletzten oberen Schiene in 30–35 Minuten goldbraun backen. Vor dem Servieren etwas abkühlen lassen.

Warmer Apfel-Streusel-Kuchen
(Apple Crumble)

Zutaten:

250 g	Mehl
1/2 TL	Backpulver
125 g	brauner Zucker
1 TL	Zimt gemahlen
125 g	weiche Butter
1 kg	Äpfel
200 g	Zucker
	Butter zum Einfetten
	Schlagsahne zum Servieren

Mehl, Backpulver, braunen Zucker, die Hälfte des Zimts und Butter in einer Rührschüssel vermischen und zu Streuseln verarbeiten. Den Backofen auf 180°C (Gas Stufe 3) vorheizen.

Die Äpfel schälen, klein schneiden und mit dem weißen Zucker und dem restlichen Zimt mischen. Eine ofenfeste Form einfetten, die Äpfel hineinfüllen. Mit den Streuseln bedecken und leicht festdrücken.

Im vorgeheizten Ofen etwa 45 Minuten backen, bis die Streusel goldbraun und die Äpfel gar sind. Noch heiß mit Schlagsahne servieren.

Tipp: Dazu passt ein Irish Coffee.

Großbritannien:
Frühstück, Tee und Picknick

Alle drei Mahlzeiten sind berühmt, das traditionelle englische Frühstück, die »Teatime« am Nachmittag und das englische Picknick. Eigentlich eine bemerkenswerte Leistung. Vor allem, wenn man bedenkt, dass besonders Feinschmecker über die Küche Großbritanniens, bzw. Englands, gern das feine Näslein rümpfen.

Dabei hat jede Region des Königreichs ihre Spezialitäten: Etwa Roastbeef und den gleichnamigen Pudding aus Yorkshire, der eher ein herzhafter Eierkuchen ist. Die »Pies« und »Pasties«, mit Gemüse und Fleisch oder Nieren gefüllte Pasteten aus Cornwall. Über die Grenzen von Wales hinaus ist der mit Käse überbackener Toast »Welsh rarebit« bekannt. Und Schottland hat sein Nationalgericht »Haggis«, Innereien und Hafermehl im Schafsmagen gegart. Hört sich für Nichtbriten zwar gewöhnungsbedürftig an, ist aber nicht nur zu Silvester bei den Schotten der Hit.

Da haben es die typischen Süßspeisen wesentlich leichter, Skeptiker zu überzeugen. Mit den cremigen Desserts »Trifle« und »Syllabub« zum Beispiel. Bei dem Ersten wechseln sich Schichten von in süßem Wein getränkten Biskuit mit Früchten oder Fruchtgelee und sahniger Creme ab, ein Hochgenuss! Das schon seit dem Mittelalter bekannte zweite Dessert ist ein Traum aus Crème double, Süßwein, Saft und Schale von Zitronen sowie Zucker.

Außer am Wochenende nehmen viele Briten mittags nur einen Imbiss zu sich. Das können ein Sandwich oder der Lieblingssnack »Fish & Chips« sein, im Teigmantel frittierter Fisch mit Pommes Frites. Der Grund ist wenig Zeit, und nicht, wie man denken könnte, das reichhaltige englische Frühstück. Denn das gibt es fast nur noch in Hotels und »Bed & Breakfast-Pensionen«. Dort stärken sich Touristen mit gebratenem Frühstücksspeck und Würstchen, Spiegelei und Toast, gegrillten Pilzen und Tomaten sowie Bohnen für den Tag. Den Gastgebern reicht heutzutage oft ein Müsli. Ähnlich sieht es mit der Tradition des gemütlichen Teetrinkens am Nachmittag aus. Auch dies ist leider fast schon eine Legende, die aber zumindest die Königin noch aufrecht hält. Für Berufstätige gibt's stattdessen einen Tee aus dem Automaten. Und den Verzicht auf kleine Teekuchen oder »Scones« mit Butter. Eben alles, was in früheren Zeiten zur »Teatime« angeboten wurde. Ihre Zeit als gesellschaftliches Ereignis ist seit etwa 100 Jahren vorbei.

Bleibt nur noch das Picknick übrig. Es ist bis heute ein beliebter Zeitvertrieb geblieben. Wenn das Wetter mitspielt, wandern Sandwichs, Pasteten, Terrine vom Lachs, kaltes Huhn, Erdbeeren und mehr in die Picknickkörbe. Auch Kartoffelchips dürfen nicht fehlen. Dazu passt »Cider«, ein Apfelwein, oder Ale. Hell oder dunkel ist es das Lieblingsbier der Engländer.

Mini-Pasteten aus Cornwall
(Mini-Cornish-Pasties)

Zutaten für 12 Pasteten:

350 g	Mehl
	Salz
150 g	kalte Butter
100 g	Kartoffeln
100 g	Möhren
1	kleine Zwiebel
225 g	Huftsteak vom Rind
	Pfeffer, frisch gemahlen
1	Ei
	Backpapier

Für den Teig das Mehl in eine Schüssel sieben und eine Messerspitze Salz zugeben. Die Butter in Stückchen darüber schneiden und mit dem Mehl zu einer krümeligen Mischung verarbeiten. 3–4 EL Wasser zufügen und alles zu einem Mürbeteig verkneten. Den Teig kühl stellen.

Das Gemüse schälen, eventuell waschen und fein würfeln, ebenso das Steak. Gemüse und Fleisch mischen, salzen und pfeffern. Den Backofen auf 220°C (Gas Stufe 4) vorheizen.

Auf einer leicht bemehlten Arbeitsfläche den Teig etwa 5 mm dick ausrollen. 12 runde Teigscheiben mit einem Durchmesser von 10 cm ausstechen und die Füllung gleichmäßig auf je eine Teighälfte verteilen. Das Ei verquirlen und die Teigränder damit bestreichen. Die andere Teighälfte über die Füllung klappen und die Ränder fest zusammendrücken.

Die Pasteten auf ein mit Backpapier ausgelegtes Blech setzen und mit dem restlichen verquirlten Ei bestreichen. Im heißen Ofen 10 Minuten backen, dann die Temperatur auf 180°C (Gas Stufe 2–3) herunterschalten und weitere 15 Minuten backen. Die Pasteten sollen außen goldbraun und innen gar sein.

Vor dem Verpacken für ein Picknick die Pasteten mindestens eine Stunde auskühlen lassen.

Gurkensandwichs (Cucumber Sandwichs)

Zutaten:

1	Salatgurke
	wenige Tropfen Weißweinessig
8 Scheiben	Toast- oder Graubrot
100 g	gesalzene Butter

Salatgurke waschen, schälen und mit einem Hobel in feine Scheiben schneiden. In einer Schüssel mit wenig Essig beträufeln. 30 Minuten stehen lassen und in ein Sieb geben, damit die ausgetretene Flüssigkeit ablaufen kann.

Die Brotscheiben auf einer Seite buttern. Auf vier Scheiben die Gurken verteilen und jeweils eine zweite Brotscheibe daraufsetzen. Vorsichtig zusammendrücken und die Krusten rundherum abschneiden. Nun die Sandwichs in senkrechte Streifen schneiden und servieren. Für ein Picknick kühl halten und gut verpacken, damit sie den Transport überstehen.

Tipp: Die Sandwichs passen ebenfalls zu einem Tee am Nachmittag.

Schnelle Lachsterrine
(Tureen with Salmon)

Zutaten:

500 g	frisches Lachsfilet
1 EL	Butter
	Salz
	weißer Pfeffer, frisch gemahlen
1	Zwiebel
1	Päckchen gemahlene Gelatine
250 ml	heiße Hühnerbrühe
125 g	Mayonnaise
2 EL	Dillblättchen
1 EL	Zitronensaft
	Cayennepfeffer
250 ml	Crème double
	Öl zum Fetten der Terrine

Lachsfilet kalt waschen, trocken tupfen, salzen und pfeffern. In einer großen Pfanne die Butter erhitzen, den Fisch von jeder Seite etwa 1 Minute braten. Aus der Pfanne nehmen, noch heiß in Alufolie wickeln und darin erkalten lassen.

Die kalten Filets von eventuell vorhandenen Gräten befreien und in Stücke teilen. Die Zwiebel pellen und grob würfeln.

Gelatine nach Packungsanweisung quellen lassen und danach in der heißen Hühnerbrühe auflösen. Die Lachsstücke, Zwiebel, Mayonnaise, Dill und Zitronensaft mit dem Mixer pürieren, die Hühnerbrühe nach und nach zugießen. Wenn eine homogene Masse entstanden ist, auch die Crème double dazugeben und gleichmäßig unterrühren. Mit Salz und wenig Cayennepfeffer abschmecken.

Die Fischmasse in eine leicht eingeölte Terrine, Schüssel oder kleine Förmchen füllen, abdecken und kalt stellen. Zum Servieren stürzen und in Scheiben schneiden oder direkt in der Form Portionen schneiden. Für ein Picknick in der Form lassen, die Terrine lässt sich so besser transportieren.

Tipp: Längliche Terrinenformen aus dem Küchenfachgeschäft lassen sich vor dem Einfüllen auch gut mit Frischhaltefolie auskleiden, die außen mit Wasser befeuchtet wurde. Das spart das Öl.

Erdbeeren mit Schlagsahne (Strawberries and Cream)

Zutaten pro Person:

150 g	aromatische Erdbeeren
50–70 ml	kalte Schlagsahne
	Sahnesteif im Päckchen je nach Sahnemenge
	Zucker

Die Erdbeeren nur kurz in kaltem Wasser waschen oder abbrausen. Erst dann die Stiele und Kelchblätter herausdrehen. Die Schlagsahne steif schlagen, Sahnesteif nach Packungsanweisung zufügen und nach Geschmack zuckern. Schlagsahne zu den Erdbeeren servieren.

Für ein Picknick Schlagsahne und Erdbeeren getrennt verpacken, die Schlagsahne unbedingt kühl halten!

Tipp: Statt mit Schlagsahne schmecken die Erdbeeren auch köstlich mit leicht gezuckerter Crème double.

Portugal: Mandeln und Meeresfrüchte

Ganz im Süden, an der Algarve, standen die ersten Mandelbäume Portugals. Die aus Arabien stammenden Mauren pflanzten sie. Fünf Jahrhunderte hielten sie die Iberische Halbinsel besetzt und beeinflussten stark ihre Esskultur. Neben dem Anbau von Mandeln, Zitrusfrüchten und Gemüse führten sie auch neue Gewürze ein. Schwarzer Pfeffer, Kreuzkümmel, Safran und Muskat waren sowohl Portugiesen als auch Spaniern zuvor völlig unbekannt.

Heute werden Mandeln nicht mehr nur an der Algarve, sondern auch im etwas nördlicher liegenden Alentejo und auf der Insel Madeira angebaut. Sie finden in Kuchen und Desserts Verwendung, die in Portugal oft sehr süß sind. Auch in die »Sopa dourada«, ein weihnachtliches Dessert, das übersetzt Goldene Suppe heißt, gehören Mandeln. Ihren Namen hat diese Spezialität von den goldfarbenen Biskuitwürfeln, die mit einer üppigen Eiercreme getränkt werden.

Ansonsten ist Portugal ein Land der Eintöpfe bzw. »Cozidos« und reichhaltigen Suppen. Typisch sind Suppen mit Meeresfrüchten wie die »Sopa de Marisco« mit Schalentieren und Wein und die »Caldeirada«, ein Fischeintopf mit neun verschiedenen Fischsorten, Tomaten und Zwiebeln. Nationalgericht der Provinz Minho im Norden ist »Caldo Verde«. Es wird aus einem dem Grünkohl ähnlichen Blattgemüse, Paprikawurst und Kartoffeln zubereitet. Ebenfalls beliebt sind Brotsuppen. Der ungewöhnlichste, dabei sehr gut schmeckende Eintopf ist wohl »Porco com amêijoas à alentejana«, bei dem Schweinefleisch und Venusmuscheln eine Liaison eingehen.

Obwohl das Land eine sehr lange Küste hat und frischer Fisch und Meeresfrüchte durchaus eine wichtige Rolle spielen, sind die Portugiesen verrückt nach Fisch in getrockneter Form. Genauer gesagt nach ihrem »Bacalhau« oder Klippfisch, das ist Kabeljau, der erst eingesalzen und dann in der Sonne gedörrt wurde. Mindestens 100 Zubereitungsarten soll es dafür geben. Köstlich sind zum Beispiel frittierte Klippfischbällchen, eines der Rezepte aus dem Norden Portugals. Sie werden mit Zitronenachteln gern als »Acepipes« oder Vorspeise serviert, der portugiesischen Tapas-Version.

Im Norden des Landes liegt auch die Stadt Porto, sie gilt als Zentrum der Portweinherstellung. Erfunden wurde der berühmteste Wein Portugals jedoch von Engländern. Sie begannen den Süßwein zu Beginn des 18. Jahrhunderts nach London zu importieren. Dort angekommen, hatte sich die Süße des edlen Tropfens jedoch schon verflüchtigt und schmeckte auch nicht mehr. Pfiffige englische Kaufleute hatten die Idee, den halbvergorenen Wein mit Branntwein zu versetzen. Und so entstand der heutige Portwein. Weitere bekannte Weine aus Portugal sind der Rotwein »Dão« und der junge Weißwein »Vinho Verde«.

Mandeltorte (Torta de amêndoas)

Den Backofen auf 190°C (Gas Stufe 3) vorheizen.

Butter und Zucker in einer Schüssel schaumig rühren. Das Ei verquirlen und ebenfalls unterrühren. Mehl und Backpulver mischen, in die Schüssel sieben und alles zu einem Teig verarbeiten. Den Teig in eine kleine, gefettete Springform von 20 cm Durchmesser füllen und im heißen Ofen 20 bis 25 Minuten backen. Er soll in der Mitte leicht gebräunt sein.

Für den Belag die Butter langsam in einer schweren Pfanne zerlassen. Zucker, Mandeln und Milch hineinrühren und alles erhitzen, bis die Mischung leicht gebräunt ist. Das dauert maximal 10 Minuten, dabei nicht rühren.

Die Mandelmischung auf dem etwas abgekühlten Boden verteilen und den Kuchen weitere 10–12 Minuten backen, bis der Belag goldbraun ist. Vor dem Aufschneiden und Servieren abkühlen lassen.

Zutaten für den Teig:

100 g	zimmerwarme Butter
100 g	Zucker
1	Ei, verquirlt
100 g	Mehl
1 Päckchen	Backpulver
	Butter zum Einfetten

Für den Belag:

150 g	Butter
125 g	Zucker
120 g	Mandelblättchen
4 EL	Milch

Schweinefleisch mit Venusmuscheln
(Porco com amêijoas à alentejana)

Zutaten:

800 g	Schweineschulter ohne Knochen
3	Knoblauchzehen
200 ml	trockener Weißwein
2 EL	edelsüßes Paprikapulver
1	Lorbeerblatt
2	Gewürznelken
40 g	Schweineschmalz oder 40 ml Olivenöl
1	große Zwiebel
1	kleine Dose Tomaten, gehackt
500 g	Venusmuscheln
1 EL	Koriandergrün, gehackt
2 EL	glatte Petersilie, gehackt

Das Schweinefleisch in etwa 3 cm große Würfel schneiden. 2 Knoblauchzehen pellen und hacken. Wein, Paprikapulver, Lorbeerblatt, Nelken, Knoblauch und die Fleischwürfel in eine Schüssel geben und alles gut vermischen. Abdecken und im Kühlschrank über Nacht marinieren.

Das Fleisch am nächsten Tag aus der Marinade nehmen und trocken tupfen, die Marinade aufbewahren. In einer Pfanne die Hälfte des Fettes erhitzen und die Fleischstücke portionsweise scharf darin anbraten, bis sie braun sind. Fleisch aus der Pfanne nehmen und zur Seite stellen.

Die Zwiebel und die letzte Knoblauchzehe pellen und hacken. In einer großen Kasserolle oder einem Topf das restliche Fett erhitzen, darin die Zwiebeln andünsten, bis sie weich sind. Knoblauch und Tomaten mit dem Saft zugeben, ebenfalls das angebratene Fleisch und die Marinade. Alles aufkochen lassen und zugedeckt bei niedriger Hitze etwa 60 Minuten schmoren, bis das Fleisch weich ist.

In der Zwischenzeit die Venusmuscheln vorbereiten. In kaltem Wasser zwei- bis dreimal waschen, offene Exemplare aussortieren. Muscheln zum Schweinefleisch geben, Hitze kurz hoch stellen und alles weitere 5 Minuten zugedeckt kochen. Die Muscheln sollten sich dann geöffnet haben, geschlossene wegwerfen.

In eine vorgewärmte große Schüssel oder vier Teller füllen und mit den Kräutern bestreut servieren. Dazu passt Weißbrot.

Spanien: Tapas und Sherry

Für den Süden Spaniens, genauer gesagt für Andalusien, stehen der berühmte Wein und die köstlichen Kleinigkeiten, die ihn einst bedeckten. Inzwischen erfreut sich an Tapas natürlich längst ganz Spanien. Aber widmen wir uns zunächst dem Sherry, einem Wein, der tatsächlich nur in den Bodegas von Sanlúcar de Barrameda – Puerto de Santa Maria – Jerez de la Frontera reifen darf, in Andalusiens so genanntem Sherry-Dreieck. Namensgeber dieses besonderen Weines ist übrigens die Stadt Jerez. Wer Sherry bisher nur als Aperitif kannte, wird von den Andalusiern eines Besseren belehrt. In der Heimat des Flamenco und der Stierkämpfe wird er auch einfach so zum Essen getrunken. Die Sherry-Palette ist groß. Sie reicht von trockenem Fino und Manzanilla über eher halbtrockenen Amontillado und Oloroso bis hin zu den süßen Sorten Golden, Cream und Pedro Ximénez. Alle Sorten schmecken gut gekühlt am besten.

Zurück zu den Tapas. Einst waren das nur einzelne Scheiben von Schinken, Wurst oder Käse. Sie dienten als Deckelchen zum Schutz für das Sherryglas vor unliebsamen geflügelten Gästen. Mit der Zeit wurden kleine Teller daraus, auf denen sich auch andere Leckerbissen, sogar mit Saucen, befanden. Heute gibt es unzählige Variationen dieser Spezialität: Tapas mit Fisch, Fleisch, Gemüse, Eiern und Käse. Da kommt schnell eine ganze Mahlzeit zusammen.

Natürlich bietet die andalusische Küche noch mehr. Viele leichte, gut verdauliche Gerichte sind entstanden, was bei dem heißen Klima kein Wunder ist. Das beste Beispiel dafür ist die »Gazpacho«, eine kalte Gemüsesuppe aus Gurken, Tomaten, Paprika und eingeweichtem Weißbrot. Dazu werden rohe Gemüsewürfel und in Olivenöl geröstete Brotcroutons serviert.

Bekannt ist Andalusien auch für seine Vielzahl an Eiergerichten. Es heißt, in dieser Region Spaniens werden mehr Eier verbraucht, als sonst wo im Land. Neben gewöhnlichen gebratenen Spiegeleiern gibt es zum Beispiel »Huevos a la flamenca« mit Paprikawurst und Gemüse. Oder mit verschiedensten Zutaten gefüllte »Tortilla«, eine Art Omelett mit Kartoffelwürfeln. In Tortenstückchen geschnitten ist sie an vielen Bars als Tapas-Variante zu probieren.

Was sowohl Andalusier als auch der Rest ihrer Landsleute noch lieben, sind alle Arten von Kuchen und Süßspeisen. Das liegt zum einen an dem kulinarischen Erbe, das die Mauren während ihrer Jahrhunderte dauernden Herrschaft über die Iberische Halbinsel hinterließen. Das traditionelle Festtagskonfekt »Turrón« aus Mandeln und Honig gehört dazu. Zum anderen herrschte vor allem in Andalusien in früheren Zeiten oft ein Eigelb-Überschuss. Der Grund: Die Winzer klärten ihre Sherrys mit Eiweiß von Verunreinigungen. Und so entstanden nicht nur Rezepte für Eiercremes sondern auch für die verschiedensten Gebäckarten.

Geflügelleber mit Sherry-Essig
(Higaditos de Aves con Vinagre de Jerez)

Die Leber sorgfältig waschen, Hühnerleber ganz lassen, Putenleber in mundgerechte Stücke schneiden. In einer Schüssel Paprikapulver, Salz und Pfeffer mischen, die Leber dazugeben und mit den Gewürzen bedecken.

In einer Schmorpfanne die Hälfte der Butter erhitzen, darin die Leber unter ständigem Rühren anbraten, bis sie rundherum braun sind. Dabei am besten mit einem Spritzschutz arbeiten, weil es stark spritzen kann! Die Leber aus der Pfanne nehmen und warm stellen. Das Bratfett zurückhalten.

Die Zwiebel pellen, halbieren und in Ringe schneiden. Im Bratfett der Leber anschwitzen. Wenn sie glasig sind, Essig und Zucker zugeben und kochen lassen, bis die Flüssigkeit fast verdampft ist. Die Hühnerbrühe zugießen und auf die Hälfte einkochen.

Zum Schluss die restliche Butter in Flöckchen in die Sauce einrühren und schmelzen lassen. Nochmals abschmecken, über die Leber gießen und mit Petersilie bestreut servieren.

	Zutaten:
450 g	Geflügelleber (Huhn oder Pute)
1 TL	edelsüßes Paprikapulver
1/2 TL	Salz
1/2 TL	schwarzer Pfeffer, frisch gemahlen
100 g	Butter
1	Zwiebel
4 EL	Sherry-Essig
1 TL	Zucker
300 ml	Hühnerbrühe
1 EL	Petersilie, gehackt

Frittierte Garnelen mit Knoblauchmayonnaise
(Langostinos fritos con Ajo)

Zutaten:

2	Knoblauchzehen
2	Eigelb
	Salz
2 EL	Zitronensaft
1/2 TL	Senf
200 ml	Olivenöl
	Pfeffer, frisch gemahlen
500 g	frische Garnelenschwänze mit Schale
150 g	Mehl
100 ml	trockener Sherry
2	Eier
1 l	Öl zum Frittieren

Knoblauch pellen und mit einer Knoblauchpresse in einen hohen Rührbecher pressen. Das Eigelb, eine Prise Salz, 1 EL Zitronensaft und den Senf mit dem Mixer verrühren. Nun das Öl zuerst tropfenweise, dann in dünnem Strahl zugießen, dabei mit dem Mixer ständig weiterrühren, bis eine cremige Konsistenz entsteht. Mit Salz und Pfeffer abschmecken und die Mayonnaise kalt stellen.

Die Garnelenschwänze vorsichtig schälen, die Schwanzflosse jedoch nicht entfernen. Kurz kalt abspülen, trocken tupfen, in eine breite Schüssel legen und mit dem restlichen Zitronensaft beträufeln. Garnelen in den Kühlschrank stellen.

Mehl mit dem Sherry und den Eiern zu einem Ausbackteig verrühren, mit Salz und Pfeffer würzen. Das Öl in einer Friteuse oder in einem hohen Topf auf 180°C erhitzen. Die Garnelen durch den Teig ziehen und im heißen Öl golden ausbacken. Auf Küchenpapier kurz abtropfen lassen und mit der Knoblauchmayonnaise servieren.

Tipps: Auch TK-Garnelen lassen sich für dieses Rezept verwenden, sie müssen vorher nur aufgetaut werden.

Die Knoblauchmayonnaise passt auch sehr gut zu »Papas bravas«, einer spanischen Variation von Bratkartoffeln.

Dill-Zucchini
(Calabacines a las Hierbas)

Zutaten:

450 g	kleine Zucchini
1	Zwiebel
1	Knoblauchzehe
3 EL	Olivenöl
30 g	Butter
	schwarzer Pfeffer, frisch gemahlen
2 TL	edelsüßes Paprikapulver
	Salz
1 EL	Dill, fein gehackt

Zucchini waschen, die Enden entfernen und in dicke Scheiben schneiden. Zwiebel und Knoblauch pellen und hacken. In einer großen Schmorpfanne das Öl und die Butter erhitzen, Zwiebel und Knoblauch darin andünsten, bis sie weich sind. Dann die Zucchinischeiben zugeben, mit Pfeffer würzen und alles etwa 10 Minuten bei mittlerer Hitze dünsten. Dabei die Zucchini öfter wenden, damit sie gleichmäßig gar werden. Sobald sie Farbe nehmen, das Paprikapulver unterrühren und vom Herd nehmen.

Die Zucchini mit Salz abschmecken, den Dill untermischen und warm oder kalt servieren.

Tipp: Zu allen drei Tapas passt Weißbrot.

Frankreich: Oliven und Würziges aus dem Süden

Schlemmen wie Gott in Frankreich lässt es sich in allen Regionen dieses Landes. Nicht anders ist das im Roussillon, das in der südlichsten Ecke an der Grenze zu Spanien liegt. Auch mehr als einen guten Wein gibt es hier. Das verspricht eine Vielzahl von Weinbaugebieten, die immerhin dreizehn Tropfen mit dem Gütesiegel »AOC« hervorbringt, also Weine mit gesetzlich festgelegter Herkunftsbezeichnung.

Den größten Teil des Jahres scheint hier die Sonne. Und die lässt auch die besonderen Oliven der Region reifen. »Lucques Nature Vertes« heißen sie, und zu erkennen sind sie an der typischen Mondform. Mit ihrem leicht nussigen, schmackhaften Fruchtfleisch eignen sie sich gut zum Aperitif, verfeinern aber auch Saucen und andere Speisen. Die Qualität dieser Oliven und ihre schonende Verarbeitung nach traditionellen Rezepten brachte auf internationalen Wettbewerben schon mehr als einmal die Goldmedaille. Sehr gut schmeckt eine Tapenade aus den grünen Oliven. So wird eine Paste aus Oliven, Kapern, Olivenöl, Senf und Zitronensaft genannt. Zugefügte Sardellenfilets, oder »Anchovis« wie sie in ganz Frankreich heißen, geben noch Extrawürze und machen das Ganze zum besonderen Genuss. Die Südfranzosen streichen sich die Tapenade aufs Baguette oder genießen sie als Vorspeise mit Tomaten und Schafskäse.

Eine weitere Spezialität im Roussillon sind die verschiedenen Senfsorten. Zum Beispiel gekräuterte mit Lavendel oder Estragon, die sich gut zum Marinieren von Fleisch, besonders vom Lamm, eignen. Oder fruchtig verfeinerter Senf, etwa mit Heidelbeeren und Himbeeren. Der schmeckt ganz köstlich zu Käse. Saucen lassen sich prima mit aromatisierten Sorten wie mit grünen Oliven oder, ganz edel, mit Trüffel abschmecken. Wer hier Urlaub macht, erfreut sich an solch kulinarischen Mitbringseln noch zuhaus. »Miel de Narbonne«, der Honig der Region, gehört ebenso dazu. Von der Römerzeit bis ins 19. Jahrhundert war er weltberühmt, geriet dann jedoch etwas in Vergessenheit. Heute erlebt er eine Renaissance.

Auch Mandeln und Safran werden im Roussillon angebaut. Die Nähe zum südlichen Nachbarn Spanien ist hier nicht zu übersehen, denn beide Agrarprodukte sind dort ebenfalls typisch. Auf ihre Mandelkönigin dürfen die Südfranzosen jedoch allein stolz sein. Solch eine Repräsentantin gibt es für das teuerste Gewürz der Welt nicht. Safran besteht aus den Fäden der Krokusblüte. Die riesige Menge von 250.000 Blütennarben muss geerntet werden, um nur ein Kilo Safran zu erhalten. Zum Glück braucht es jedoch nur wenige Fäden, bis Safran sein leicht bitteres bis honigartiges Aroma und seine gelbe Farbe entwickelt. Etwas Besonderes sind mit Safran aromatisierte Olivenöle und Essige aus der Gegend. Um einen Salat anzumachen, sind sie fast zu schade. Feiner ist es, beispielsweise gegrillten Fisch damit zu beträufeln. Dazu einen weißen Roussillon-Wein oder einen Rosé – wunderbar!

Paste aus grünen Oliven (Tapenade)

Zutaten:

250 g	grüne Oliven mit Stein
50 g	Sardellen
50 g	Kapern
4	Knoblauchzehen
1 TL	Senf
1 TL	Zitronensaft
4 EL	Olivenöl
	Salz
	Pfeffer

Die Oliven entsteinen, das geht gut mit einem speziellen Gerät dafür oder einem Kirschentsteiner. Aus den Sardellen eventuell vorhandene Gräten entfernen, gesalzene Sardellen wässern. Oliven, Sardellen und alle weiteren Zutaten mit dem Mixer pürieren, bis eine glatte Masse entsteht.

Tipp: Zum Aufbewahren die Tapenade in ein Schraubdeckelglas füllen und mit Olivenöl bedecken. Hält sich im Kühlschrank mehrere Wochen.

Vorspeise mit Tomaten, Schafskäse und Tapenade

Zutaten:

4	aromatische Fleischtomaten
4 EL	Tapenade
250 g	Schafskäse
1	kleine Schalotte
2 EL	Weißweinessig
	Meersalz
	schwarzer Pfeffer, frisch gemahlen
6 EL	Olivenöl

Die Tomaten waschen und in dicke Scheiben schneiden. Dünn mit der Tapenade bestreichen. Auf einem Teller abwechselnd mit dünnen Scheiben Schafskäse anrichten.

Schalotte pellen und fein würfeln. Mit dem Essig und den restlichen Zutaten eine Vinaigrette mischen, über die Tomaten und den Schafskäse träufeln und mit Baguette servieren.

Tipp: Statt der Vinaigrette reicht es auch, die angerichteten Tomaten- und Schafskäsescheiben nur zu salzen und zu pfeffern und noch etwas Olivenöl darüber zu träufeln.

Lammschulter mit Senfkruste

Zutaten:

1	Zucchino, mittelgroß
2	Knoblauchzehen
1 TL	Butter
2 EL	Petersilie, gehackt
1300 g	Lammschulter
	Salz
	schwarzer Pfeffer, frisch gemahlen
2–3 EL	Olivenöl
4 EL	Senf
2 EL	Honig
1 EL	Rosmarin
1 EL	Thymian

Den Zucchino putzen, waschen und in feine Streifen schneiden, Knoblauch pellen und fein hacken. Die Butter in einer Pfanne erhitzen und Zucchinistreifen, Knoblauch und die Petersilie anbraten und anschließend abkühlen lassen.

Den Backofen auf 200°C (Gas Stufe 3) vorheizen. Eine Tasche in die Lammschulter schneiden, innen und außen mit Salz und Pfeffer würzen und die Zucchinimasse einfüllen und locker verschließen.

Die Lammschulter auf dem Rost im heißen Backofen etwa 50 Minuten garen, dabei ab und zu mit Olivenöl bestreichen. Nicht vergessen die Fettpfanne unterzustellen. In der Zwischenzeit den Senf mit dem Honig verrühren. Die Kräuter fein hacken und ebenfalls dazugeben. 15 Minuten vor Ende der Garzeit das Fleisch mit der Senfmischung bestreichen. Vor dem Aufschneiden die Lammschulter zehn Minuten im abgeschalteten Backofen ruhen lassen. Den in der Fettpfanne angesammelten Bratenfond mit etwas heißem Wasser lösen und mit dem Braten servieren.

Tipp: Dazu passen Röstkartoffeln und eine Ratatouille (geschmorte Gemüse vom Mittelmeer wie Auberginen, Zucchini, Paprika und Tomaten).

Italien: Parmesan, Balsamico und Schinken

Wenn eine Region Italiens sich Schlaraffenland nennen darf, dann ist es die Emilia-Romagna. Die aus dieser Gegend stammenden typischen Produkte lassen Feinschmeckerherzen in aller Welt höher schlagen. Am berühmtesten: Parmesankäse, Parmaschinken und Aceto Balsamico Tradizionale. Weitere Spezialitäten wie Tortellini, Mortadella und die Bolognese-Sauce kommen direkt aus der Hauptstadt Bologna, der die Italiener den Beinamen »la grassa«, die Fette, gegeben haben. Aber auch Fischliebhabern geht es gut in der Region. Ein langes Stück Adriaküste garantiert Fisch und Meeresfrüchte vom Frischesten und Feinsten.

Und für den kleinen Hunger zwischendurch? Der Rest des Landes mag sich da an einem Stückchen Pizza erfreuen. Hier dagegen greifen die Menschen zu ihrer »Piadina«, besonders im Osten der Region. Dabei handelt es sich um ein dünnes Fladenbrot gefüllt mit Schinken, Salami, Mortadella, Käse, Tomaten und / oder Salat. Diesen traditionellen Imbiss gibt es an so mancher Straßenecke. »Piadina« ohne Füllung wird in jedem Restaurant auch als Brotbeilage gereicht.

Doch zurück zu den drei Stars der Region, die ich etwas ausführlicher vorstellen möchte. Zuerst den »Parmigiano Reggiano«, der in Deutschland einfach Parmesankäse heißt, dann aber so manches Mal gar keiner ist. Den echten erkennen Sie am gepunkteten Schriftzug direkt auf der Käserinde. Er darf nur in bestimmten Provinzen hergestellt werden. Und die Milch für den Hartkäse muss von freilaufenden, mit Grünfutter ernährten Kühen stammen. Bis zu zwei Jahre reift ein Laib, bevor er als »vecchio« (alt) verkauft werden kann. In geriebener Form kommt kaum ein Pasta-Gericht ohne ihn aus. Er schmeckt aber auch sehr gut einfach so in groben Brocken zu einem Glas Rotwein, zum Beispiel einem Sangiovese aus der Emilia-Romagna.

So gut, dass er sich auch im kleinen Gläschen genießen lässt, ist Aceto balsamico mit dem Zusatz »Tradizionale« auf dem Etikett. Zuvor muss die norditalienische Essigspezialität aus eingekochtem Traubensaft jedoch zwölf Jahre reifen. Auch das natürlich nicht irgendwo, sondern in immer wieder anderen Fässern aus Hölzern wie Kastanie, Kirsche und Wacholder. Aus 100 Litern Traubenmost werden am Ende nur 4 Liter Essig. Die haben natürlich auch ihren Preis, dafür aber einen unvergleichlichen Geschmack: zartsüß, fruchtig, hocharomatisch und dabei mildsauer – zum Würzen fast zu schade. Den in nur 100 ml fassenden Flakons abgefüllten Aceto gibt es in Feinkostgeschäften.

Nur im Umkreis der Stadt Parma darf die Schinkenspezialität »Prosciutto die Parma« hergestellt werden. Die eingesalzenen Keulen zehn Monate alter Schweine reifen in luftigen Lagerhäusern. Nach knapp einem Jahr hat der Schinken dann seinen besonderen, aromatischen Geschmack. Am besten schmeckt er in hauchdünne Scheiben geschnitten und mit frisch gemahlenem Pfeffer bestreut als kalte Vorspeise. Dazu essen Italiener gern eiskalte Honigmelone oder reife Feigen.

Parmesan-Carpaccio mit Aceto balsamico

Den Parmesan in sehr feine Scheiben schneiden, auf einer Platte oder einem großen Teller fächerartig anrichten. Die Hälfte des Essigs darüber träufeln und bei Zimmertemperatur 15 Minuten ziehen lassen. Dann mit dem restlichen Essig beträufeln, wieder ziehen lassen und mit frischer Piadina oder Ciabatta servieren.

Tipp: Am besten schmeckt der Käse natürlich mit dem edlen »Tradizionale«. Für den schmaleren Geldbeutel tut's aber auch ein »Aceto balsamico die Modena« aus Weinessig und Traubensaft.

Zutaten:

200 g	nicht zu harter Parmesan
3–4 EL	Aceto balsamico

Fladenbrot (Piadina romagnola)

Mehl und Backpulver in eine Schüssel sieben, eine Mulde eindrücken, Salz und etwas von dem Wasser hineingeben und vermischen. Nach und nach das ganze Wasser zugießen, dabei alles gut miteinander verkneten, bis der Teig glatt ist.

Nun den Teig in zehn Teile teilen und etwa 1/2 cm dick zu Fladen ausrollen. Eine beschichtete Pfanne ohne Fett erhitzen und die Piadinas von beiden Seiten wie einen Eierkuchen einige Minuten backen. Das geht auch auf einer heißen Platte wie zum Backen von Crêpes.

Tipp: Deftig schmecken die Fladenbrote, wenn Sie einen Esslöffel Schmalz unter den Teig mischen.

Zutaten:

500 g	Mehl
1 Päckchen	Backpulver
	wenig Salz
150 g	lauwarmes Wasser

Kalbsröllchen »Emilia«
(Involtini all'emiliana)

Zutaten:

8	dünne Kalbsschnitzel à 80 g
80 g	Parmesan, frisch gerieben
120 g	Parmaschinken
	Pfeffer, frisch gemahlen
1	Möhre
1	Zwiebel
1 Stängel	Staudensellerie
1 Bund	glatte Petersilie
50 g	durchwachsener Speck
30 g	Butter
150 ml	passierte Tomaten
1 EL	Tomatenpüree
3	Salbeiblätter
1 EL	Vecchia Romagna (oder anderer Weinbrand)
1 Glas	Weißwein
200 ml	Fleischbrühe
	Salz

Die Schnitzelchen nebeneinander ausbreiten, mit Parmesankäse bestreuen und mit Schinken belegen. Dann leicht pfeffern. Jedes Schnitzel einrollen und mit einem Zahnstocher fixieren.

Möhre und Zwiebel schälen, von der Selleriestange die äußeren harten Fäden abziehen. Petersilie waschen, trocken tupfen und die Blätter von den Stängeln zupfen. Alles sehr klein schneiden. Den Speck fein würfeln.

In einer schweren Pfanne die Butter zerlassen und die Speckwürfel darin glasig braten. Die Röllchen zugeben und bei mittlerer Hitze von allen Seiten anbraten, bis sie goldbraun sind, dann aus der Pfanne nehmen. Das Gemüse und die Petersilie im Bratfett andünsten, die Röllchen dann wieder zurück in die Pfanne legen und die Hitze hoch schalten. Zuerst mit dem Weinbrand und danach mit dem Wein alles ablöschen, die Flüssigkeit verdampfen lassen.

Die passierten Tomaten mit dem Tomatenpüree verrühren, zusammen mit den Salbeiblättern und der Fleischbrühe zu den Röllchen geben. Alles zugedeckt bei geringer Hitze etwa 50 Minuten schmoren lassen. Vor dem Servieren den Gemüsesud mit Salz und Pfeffer abschmecken.

Tipp: Dazu passt das Fladenbrot der Region oder knuspriges Ciabatta sowie ein Weißwein.

Bolognese-Sauce

Pancetta oder Speck in kleine Würfel schneiden und in einer Schmorpfanne mit der Butter anbraten. Die Zwiebel pellen, das Gemüse putzen und waschen, alles fein würfeln, in die Pfanne geben und auch anbraten. Rinderhack und Geflügelleber ebenfalls zugeben und krümelig braten. Die Milch zugießen, wenn sie verdampft ist, auch den Wein. Die Tomaten enthäuten und grob würfeln, in die Pfanne geben. Alles mit Salz, Pfeffer und Muskatnuss würzen. Mit dem Lorbeerblatt etwa 40 Minuten schmoren.

Mit »al dente« gekochten Tagliatelle, Tortellini oder Garganelli aus der Emilia-Romagna und Parmesankäse servieren.

Zutaten:

50 g	Pancetta oder durchwachsener Speck
30 g	Butter
1	Zwiebel
1	Möhre
1	kleines Stück Sellerie
300 g	Rinderhack
150 g	Geflügelleber, gehackt
125 ml	Milch
125 ml	Rotwein
400 g	frische Tomaten
	oder 1 kleine Dose Tomaten
	Lorbeerblatt
	Salz
	Pfeffer
	Muskatnuss, frisch gerieben

Malta: Mittelmeerküche, wieder entdeckt

Phönizier, Karthager, Römer, Araber, Türken, Sizilianer und Engländer, etwa 2500 Jahre lang waren so einige Völker scharf darauf, diesen Stützpunkt im Mittelmeer für sich zu beanspruchen. Erst seit 1964 sind die Malteser Herr auf der eigenen Insel. Spuren haben die jeweiligen Besatzer auch in den Essgewohnheiten hinterlassen.

Typisch englisch sind nicht nur Pommes, die so manches maltesische Gericht heute noch begleiten. Ebenso ihre Liebe zu Pasteten und Aufläufen ist ein Andenken an die britischen Besatzer. Was in solche Gerichte hineinkommt, ist jedoch vor allem Gemüse von den Feldern Maltas. Dazu noch etwas Fleisch oder Fisch sowie Ziegen- oder Schafskäse, und schon fast ist so ein Auflauf fertig. Typisches Beispiel: der auf Malta beliebte »Lampuki-Auflauf« mit Filets von der Dorade, die hier »Lampuki« heißt, Spinat, Blumenkohl, Kastanien und Rosinen.

In den Zeiten unter sizilianischer Flagge dürfte das Nudelgericht »Timpana« entstanden sein. Eine würzige Fleischsauce im Nudelbett wird dafür im Ofen überbacken. Ganz sicher aus Sizilien stammt die Gemüsepfanne »Kapunata«, die dort ja ganz ähnlich heißt, und gern zu Fisch gereicht wird. Der steht bei den Inselbewohnern natürlich oft auf dem Speiseplan, auch in Restaurants. Außerdem sind Muscheln und Oktopus nicht zu vergessen. Ein weiteres Nationalgericht ist »Bragioli«, die mächtige Rindfleischroulade. Sie wird mit Schweinefleisch, Kapern, Eiern und Brot gefüllt und dann in Rotwein geschmort. Ebenso wie der Festtagsschmaus zu Ostern, »Fenek bit-tewm u bl-Imbid«, ein Kaninchen mit Tomaten und Knoblauch im Rotweinsud.

Und vor all diesen Gerichten darf »Hobz biz-zejt«, die typisch maltesische Vorspeise nicht fehlen. Knuspriges Bauernbrot mit Olivenöl, Tomatenpüree, Knoblauch, Zwiebeln, Kapern und Oliven. Wird es dazu noch mit Fischigem aufgewertet, ist der erste Hunger schon gestillt. Für den Durst gibt es einen weißen oder roten Wein von der Insel. Oder »Kinnie«, ein alkoholfreies, leicht herbes Erfrischungsgetränk aus Wermutkräutern und Bitterorangenextrakten. Wenn dann nach dem Hauptgang noch ein Plätzchen frei ist, warten die maltesischen Süßigkeiten darauf, probiert zu werden: »Imqarets«, mit Datteln gefüllte Teigröllchen, Honigkringel, die hier »Qaghaq tal Ghasel« heißen oder Nougat mit Nüssen. Es gibt noch sehr viel mehr. Und das beruhigende Gefühl, dass auf Malta für Genießer aller Geschmacksrichtungen gut gesorgt wird ...

Geschmortes Kaninchen

Das Kaninchen in acht Stücke teilen, salzen und pfeffern. Die Stücke zunächst in einem Bräter in heißem Öl von allen Seiten kräftig anbraten, dann wieder herausnehmen. Die Zwiebel pellen und fein würfeln, von der Knoblauchknolle die Zehen abtrennen, aber nicht pellen. Beides in den Bräter geben und anbraten. Mit Rotwein ablöschen, Lorbeerblatt, Rosmarin und Thymian zufügen, Tomatenmark einrühren und 10 Minuten köcheln lassen. Die Kaninchenteile wieder in den Bräter legen und alles zugedeckt 50 Minuten schmoren. Auch im 180°C heißen Backofen möglich.

Die Malteser essen dazu Pommes Frites, ein Überbleibsel von den Engländern. Brot oder Reis passen auch dazu.

Zutaten für 4–6 Personen:

1	Kaninchen, ganz oder schon in Teilen
3–4 EL	Olivenöl
	Salz
	schwarzer Pfeffer, frisch gemahlen
1	Zwiebel
1	ganze Knoblauchknolle
375 ml	trockener Rotwein
1	Lorbeerblatt
1 Zweig	Rosmarin
1 Zweig	Thymian
1 TL	Tomatenmark

Tomaten-Auberginen-Pfanne (Kapunata)

Zutaten:

750 g	Auberginen
	Salz
9 EL	Olivenöl
400 g	Zwiebeln
6	Knoblauchzehen
600 g	Tomaten (oder eine große Dose)
50 g	Zucker
100 ml	Weinessig
1 EL	eingelegte grüne Pfefferkörner

Die Auberginen quer in Scheiben schneiden und mit Salz bestreut 30 Minuten stehen lassen. Mit Küchenkrepp trocken tupfen und in heißem Olivenöl braun braten. Dann auf Küchenkrepp abtropfen lassen. Zwiebeln und Knoblauch pellen, die Zwiebeln vierteln und den Knoblauch grob hacken. Im restlichen Olivenöl andünsten. In der Zwischenzeit die Tomaten überbrühen, enthäuten und in Stücke schneiden. Mit den Auberginen zu den Zwiebeln geben, ebenfalls den Zucker, Essig und die Pfefferkörner. Alles zudecken und etwa zehn Minuten schmoren. Mit Salz und eventuell Pfeffer abschmecken und lauwarm oder kalt servieren.

Geröstetes Brot mit Tomatenpüree (Hobz biz-zejt)

Die Brotscheiben rösten und mit dem Tomatenpüree bestreichen. Über jede große Brotscheibe oder über je drei kleine einen Teelöffel Öl träufeln. Knoblauch und Zwiebel pellen, Knoblauch in dünne Stifte, Zwiebel in feine Längsstreifen schneiden. Die Oliven in länglichen Streifen vom Kern lösen. Alle Zutaten auf den Broten verteilen, kräftig salzen und pfeffern. Mit Blättchen von Basilikum oder Minze garnieren.

Tipp: Gehaltvoller werden die Brote, wenn man sie zusätzlich mit in Olivenöl eingelegten Sardellenfilets oder Tunfisch belegt. Dann mit dem Olivenöl sparsamer umgehen!

Zutaten:

4	Scheiben Weizenmischbrot oder
12	Scheiben Ciabatta
4 EL	Tomatenpüree
4 TL	Olivenöl
2	Knoblauchzehen
1	Zwiebel
8	schwarze Oliven mit Kern
12	Kapernäpfel
	Salz
	schwarzer Pfeffer, frisch gemahlen

Zum Dekorieren:

Basilikum oder Minze

Zypern: Mesé mit und ohne Käse

An sich ähnelt die zypriotische Küche der griechischen. Andererseits aber auch der türkischen. Ist ja auch kein Wunder bei einem griechischen und einem türkischen Teil der Mittelmeersinsel. Eine Mischung dieser beiden Esskulturen stellen die vielen Vorspeisen dar, die es auf Zypern zu probieren gibt, die Mesé, ausgesprochen mit einem langen zweiten »e«. Und dann gibt es da noch ein paar Einsprengsel aus der arabischen Küche, die sich bei Süßspeisen herausschmecken lassen. Aber obwohl sich so viele in die Entwicklung der Inselküche eingemischt haben, hat sie etwas Einzigartiges zu bieten: den durch und durch zypriotischen weißen Käse »Halloumi«.

Für die Inselbewohner ist ihr »Halloumi« so etwas wie das tägliche Brot. Und so sieht er auch aus, wie ein blasser Laib Brot. Die Zyprioten stellten ihn schon vor Jahrhunderten her, nicht selten am eigenen Herd. Dafür wurde meist Kuhmilch mit anderer Milch gemischt und Minzblätter zugefügt. Bei Familien mit Schafen kam auch Schafsmilch hinein, Ziegenbesitzer verwendeten für »Halloumi« Ziegenmilch. Es gab und gibt aber auch immer noch Halloumi, der nur aus Schafs- oder Ziegenmilch besteht. Da er zwei bis drei Prozent Salz enthält, ist der Käse bis zu einem Jahr haltbar. Und noch eine Besonderheit hat die Käsespezialität aus Zypern zu bieten: Es ist der einzige Käse, der sich braten und grillen lässt. Zu einem Mezé-Essen gehört er unbedingt dazu, entweder gegrillt oder als Füllung für zypriotische Ravioli.

Insgesamt können bis zu 30 verschiedene kleine Köstlichkeiten zu solch einem Essen gehören. Kleine Salate, Oliven, würzige Pürees, Fleischbällchen, Meeresfrüchte, gefüllte Weinblätter, Fleischspießchen vom Grill stillen oft nicht nur den ersten Hunger. Wer bei dieser Auswahl zu kräftig zulangt, hat meist keinen Appetit mehr auf die aromatischen Stifados und Schmorgerichte der Inselküche. Schade, denn sie zu probieren sollte man auch nicht versäumen. »Ttawas« heißt ein Eintopf mit Lammfleisch, Kräutern und Zwiebeln, »Afelia« das in zypriotischem Rotwein geschmortes Schweinefleisch.

Pflicht ist es allerdings für jeden Zypernbesucher, den Wein der Insel zu kosten. Bereits in der Bibel wurde er erwähnt. Ob es sich dabei um den berühmten »Commandaria« handelte, ist nicht nachgewiesen. Die Zyprioten bezeichnen ihn trotzdem als den ältesten Wein der Welt. Weiße und rote Trauben werden dafür erst in der Sonne getrocknet und dann gepresst. Zum Reifen kommt der äußerst zuckerhaltige Most in ein Holzfass, wo dann langsam ein süffiger, golden schimmernder Aperitifwein entsteht.

Vom Weinbau lebt auf der Insel etwa ein Viertel der Bevölkerung. Und in den vier großen sowie zahlreichen kleinen Kellereien entstehen feine Tropfen. Auch der hochprozentigen Art wie der einheimische Brandy und »Tsiwanía«, ein kräftiger Tresterschnaps.

Olivenbrot

Zutaten:

500 g	Mehl
1 Päckchen	Trockenhefe
1	kleine Zwiebel
40–50 ml	Olivenöl
1 TL	getrocknete Pfefferminze (Teebeutel)
1 TL	Salz
2 EL	schwarze Oliven ohne Stein
1 TL	Sesamkörner

Das Mehl in eine Schüssel geben und in die Mitte einen kleinen Krater machen. In 100 ml warmem Wasser die Hefe auflösen und in den Krater geben. Mit wenig Mehl zu einem Vorteig verrühren, die Schüssel mit einem feuchten Tuch bedecken und an einem warmen Ort 15 Minuten stehen lassen. Der Vorteig ist fertig, wenn sich Bläschen gebildet haben.

Die Zwiebel pellen und fein reiben. Mit dem Öl, der Pfefferminze, Salz und etwa 100 ml lauwarmem Wasser zum Vorteig geben und alles zu einem elastischen Teig verkneten. Zum Schluss auch die zerkleinerten Oliven unterkneten. Den Teig nochmal mit einem feuchten Tuch abdecken und an einem warmen Ort gehen lassen, bis sich der Teig verdoppelt hat. Das kann mehr als eine Stunde dauern.

Den Teig zum zweiten Mal kneten und einen runden Laib formen. Mit den Sesamkörnern bestreuen, auf ein gefettetes Backblech legen und wieder gehen lassen, bis der Laib doppelt so groß ist. Den Backofen in der Zwischenzeit auf 200°C (Gas Stufe 3) vorheizen, das Brot ca. 40 Minuten backen.

Das Brot in dicke Scheiben geschnitten zu den Mesé reichen

Kichererbsencreme

Zutaten:

2	kleine Dosen Kichererbsen
3 EL	Crème fraîche
4 EL	Gemüsebrühe
2 EL	Zitronensaft
4 EL	Olivenöl
1	Knoblauchzehe
1 TL	gemahlener Kreuzkümmel
1 TL	Paprika edelsüß
1 TL	Pfeffer, frisch gemahlen
1 TL	Salz

Die Kichererbsen in ein Sieb schütten, unter fließendem kalten Wasser abspülen und abtropfen lassen. Mit der Crème fraîche, der Brühe, Zitronensaft und Öl in einen hohen Rührbecher geben. Knoblauch pellen, zerkleinern und zugeben, dann alles mit dem Mixer pürieren. Mit den Gewürzen herzhaft abschmecken.

Halloumi-Spieße mit Kräutern

Zutaten:

2	Halloumi-Käse à 300 g
2	rote Paprikaschoten
2	Zwiebeln
2	Knoblauchzehen
4 EL	gemischte Kräuter, gehackt (Thymian, Rosmarin, Oregano ...)
2	Zitronen
100 ml	Olivenöl
	Pfeffer, frisch gemahlen
8	Champignons

Den Halloumi-Käse in etwa 2,5 cm große Würfel schneiden. Paprikaschote waschen und entkernen, Zwiebel pellen, beides ebenfalls in gleichgroße Stücke schneiden. Knoblauch pellen und fein hacken, mit den Kräutern vermischen. Die Zitronen auspressen und mit der Kräutermischung, dem Olivenöl und dem Pfeffer verrühren. Käse- und Gemüsestücke in die Marinade legen, alles gut vermischen, abdecken und im Kühlschrank 24 Stunden durchziehen lassen.

Am nächsten Tag die Halloumi- und Gemüsestücke abwechselnd auf lange Schaschlickspieße stecken, an den Anfang und ans Ende jeweils einen Champignon. Die Spieße auf dem Holzkohlegrill bei mittlerer Hitze etwa 10 Minuten grillen, dabei häufig wenden und mit der restlichen Marinade bestreichen. Oder in der Pfanne braten.

Oktopussalat (Oktopodi)

Zutaten:

1	küchenfertiger Oktopus, etwa 600 g schwer
1	Zwiebel
1	Möhre
2 Stängel	Staudensellerie
5	schwarze Pfefferkörner
1	Stückchen Zimtstange
2	Lorbeerblätter
	Meersalz
150 ml	trockener Weißwein
1 Bund	Petersilie
4 EL	Rotweinessig
	Pfeffer, frisch gemahlen
5 EL	Olivenöl

Den Oktopus unter fließendem kalten Wasser gründlich waschen. Fangarme und Körper in etwa 1 cm dicke Stücke schneiden. Die Oktopusstücke ohne Fett und ohne Wasser in einen heißen Topf geben und bei niedriger Hitze dünsten, bis die Flüssigkeit des Oktopus verdampft ist. Dabei häufig rühren.

Inzwischen die Zwiebel pellen und grob zerschneiden, das andere Gemüse waschen, putzen und auch in grobe Stücke schneiden. Alles zum Oktopus geben, ebenso die Gewürze, etwas Salz und den Wein. Den Topf mit Wasser auffüllen, bis die Oktopusstücke bedeckt sind, und aufkochen lassen. Den entstehenden Schaum abschöpfen und alles auf niedriger Flamme gut eine Stunde köcheln lassen, bis die Oktopusstücke weich sind.

Die Petersilie waschen, trocken tupfen und von den Stängeln zupfen. Aus Essig, Pfeffer, Salz, Olivenöl und dem größten Teil der Petersilie eine Marinade zubereiten. Die Oktopusstücke aus dem Topf nehmen und in einer Schüssel noch heiß mit der Marinade übergießen. Den Salat 24 Stunden im Kühlschrank durchziehen lassen, zwischendurch immer wieder umrühren. Mit den restlichen Petersilienblättchen bestreut servieren.

Tipp: Das Rezept lässt sich auch mit tiefgefrorenem Oktopus zubereiten.

Griechenland: Rote Ostern

Für die Griechen ist Ostern das wichtigste Fest des Jahres. Ostereier gibt es auch, und die sind fast immer rot. Das gilt auf Kreta ebenso wie in Athen. Zum einen soll es an das von Christus vergossene Blut erinnern, zum anderen aber auch ein Symbol für einen Sieg über den Tod sein. Traditionell ist der Donnerstag in der Karwoche der Tag zum Färben der Eier und wird deshalb auch Roter Donnerstag genannt. Von hellrot und tiefrot bis violett und manchmal sogar fast schwarz gehen die Schattierungen, denn die gefärbten Eier bekommen oft noch Verzierungen, die auf dunklem Untergrund viel ausdrucksvoller wirken. Mit spitzen Messern oder Draht werden dann Bilder und ein Ostergruß in die Schale geritzt. Eine abschließende Politur mit Olivenöl lässt die Eier schön glänzen.

Von vielen Gläubigen wird die 40-tägige Fastenzeit vor dem großen Fest auch heute noch eingehalten. Dann sind nur Gemüse, Salat und Obst erlaubt, am Karfreitag nicht einmal Öl. Aber am Samstag beginnen endlich die Vorbereitungen für das festliche Ostermahl. Für so manches Schäfchen hat nun das letzte Stündlein geschlagen. Zunächst wird die traditionelle Ostersuppe »Majirítsa« mit den Innereien vom Lamm zubereitet, verfeinert mit duftenden Kräutern sowie Reis, Blattsalat, Eiern und Zitronensaft. Sie köchelte einst bei griechischen Hirten, während das Lamm briet. Heute stärkt sich die Familie damit, wenn sie Samstagnacht von der Auferstehungsfeier nach Hause kommt. Und beendet zugleich die Fastenzeit. Das Lamm selbst gibt es am Ostersonntag, gegrillt im Garten oder Innenhof, dazu knuspriges Brot und Wein. Nur wo das Geld für Lamm nicht reicht, wird ein gefülltes Huhn zubereitet. Der Duft von überall her ist jedenfalls köstlich. Ja, und dann wird den ganzen Sonntag gefeiert, mit Tanz bis spät in die Nacht.

Neben Lamm spielen auch Rind, Schwein, Ziege, Huhn und Hase eine wichtige Rolle in der griechischen Fleischküche, entweder geschmort oder auf dem Holzkohlegrill zubereitet. Fischfreunde kommen in Griechenland ebenfalls auf ihre Kosten. In einem Land, zu dem mehr als dreitausend Inseln gehören, ist das kein Wunder. Typisch griechisch sind außerdem Aufläufe wie die berühmte »Moussaka« mit geschichtetem Gemüse und Teigtaschen, gefüllt zum Beispiel mit Schafskäse und Spinat. Apropos Gemüse: An Gerichten mit den gesunden Vitaminspendern ist die Küche Hellas besonders reich. Dies und die großzügige Verwendung von hochwertigem Olivenöl sind zwei Gründe, warum Griechen sehr viel gesünder und deshalb länger leben als etwa Nordeuropäer.

Auch viele der himmlischen griechischen Vorspeisen, oder »Mesédes«, werden mit Olivenöl zubereitet. Am bekanntesten sind »Tsatsiki«, Joghurt mit Knoblauch und Gurke, Taramas, eine Fischrogencreme, und die mit Reis gefüllten Weinblätter »Dolmádes«. Dazu trinkt man in Griechenland den Anisschnaps »Ouzu«, einen geharzten Retsina oder einen anderen Wein.

Ostersuppe (Majirítsa)

Zutaten für 6 Personen:

750 g	Innereien vom Lamm (Herz, Leber Nieren)
2	Zwiebeln
1 Bund	Frühlingszwiebeln
1 Bund	Petersilie
1 Bund	Dill
1	kleiner Romana-Salat
400 g	Spinat
6 EL	Olivenöl
1	kleine Dose geschälte Tomaten
	Salz
	Pfeffer, frisch gemahlen
70 g	Reis
2	Eier
2	Zitronen

Die Innereien sorgfältig unter fließendem kaltem Wasser säubern und in einen großen Topf geben. Mit 1,5 l warmem Wasser aufgießen, die Innereien sollen gut bedeckt sein. Das Wasser zum Kochen bringen, den entstehenden Schaum immer wieder abschöpfen. Die Innereien 15 Minuten kochen, dann aus der Brühe heben und in kleine Stücke schneiden. Die Brühe aufheben.

Zwiebeln pellen und würfeln. Die Frühlingszwiebeln, Petersilie, Dill, Salat und Spinat waschen. Frühlingszwiebeln putzen, Petersilie und Dill von den Stängeln zupfen, alles grob hacken.

In einem Topf das Öl erhitzen, erst die Zwiebeln glasig dünsten, dann die Innereien zugeben und 5 Minuten braten. Frühlingszwiebeln, Kräuter, Salat und Spinat in den Topf geben, zudecken und einige Minuten weiterkochen, bis der Salat und Spinat zusammengefallen ist. Die Tomaten und die Innereien-Brühe ebenfalls zugeben, alles mit Salz und Pfeffer würzen und bei geringer Hitze 20 Minuten kochen lassen. Dann den Reis einrühren und die Suppe weitere 20 Minuten kochen lassen.

In der Zwischenzeit die Eier in einem Rührbecher verquirlen. Die Zitronen auspressen und den Saft nach und nach zu den Eiern geben. Dazu etwas von der heißen Brühe geben und verrühren, damit die Eier in der Suppe nicht gerinnen. Das Gemisch erst kurz vor dem Servieren zum Binden zur Suppe geben, sie darf dann nicht mehr kochen!

Tipp: Dazu passt frisches Weißbrot.

Zutaten:

500 g	Mehl
30 g	Hefe
3 EL	Zucker
125 ml	lauwarme Milch
2	Eier
50 g	weiche Butter
1 Prise	Salz
2 EL	Ouzo
1	abgeriebene Orangenschale
	Fett oder Backpapier für das Backblech

Osterkranz (Tsourékia)

Deko:

1	Eigelb
1 EL	Milch
4 EL	Sesamsamen, geröstet
4	hartgekochte Eier, rot gefärbt

Das Mehl in eine Schüssel sieben, in die Mitte eine Mulde drücken. Die Hefe in die Mulde bröckeln, mit 1 EL Zucker und der Milch einen Vorteig machen. Mit einem Tuch abdecken und an einem warmen Ort 15 Minuten gehen lassen.

Die Eier aufschlagen und die 4 Schalenhälften aufheben! Den restlichen Zucker, Butter, Eier, Salz, Orangenschale und Ouzo zum Mehl geben und alles zu einem Teig verarbeiten. Kräftiges Kneten ist wichtig, damit sich der Kleber (Gluten) im Teig entfalten kann. Der Teig ist fertig, wenn er sich gut vom Schüsselrand löst. Mit einem feuchten Tuch abdecken und etwa 40 Minuten gehen lassen, bis der Teig etwa doppelt so groß ist.

Arbeitsfläche mit Mehl bestäuben. Aus 2/3 des Teiges einen runden Laib formen. Den restlichen Teig teilen und zu zwei gleichlangen »Schnüren« formen. Sie müssen so lang sein, dass sie um den Brotlaib passen. Die »Schnüre« erst miteinander verdrehen und dann um den Laib legen, die Enden zusammendrücken. Auf ein gefettetes oder mit Backpapier ausgeschlagenes Backblech legen und zugedeckt weitere 25 Minuten gehen lassen. Den Backofen auf 200°C (Gas Stufe 3) vorheizen.

Die vier Eierschalenhälften in die Mitte des Brotlaibs drücken, um später Mulden für die roten Ostereier zu haben. Eigelb mit der Milch verquirlen und den Teig damit bepinseln, außerdem mit den Sesamsamen bestreuen. Im heißen Ofen etwa 25 Minuten backen.

Zum Abkühlen den Osterkranz auf ein Kuchengitter legen. Zum Schluss die Eierschalen entfernen und durch die roten Ostereier ersetzen.

Gebratenes Lamm aus dem Backofen (Arni psito)

Zutaten für 6 Personen:

1	doppeltes Lendenkotelettstück vom Lamm, 2–2,5 kg
1	unbehandelte Zitrone
30 ml	Olivenöl
3 TL	Thymianblättchen
	Salz
	schwarzer Pfeffer, frisch gemahlen

Den Backofen auf 170°C (Gas Stufe 3) vorheizen.

Von der Zitrone die Schale abreiben und den Saft auspressen. Vom Fleisch die obere Fettschicht entfernen, dann mit Zitronensaft und Olivenöl einreiben. Die Thymianblättchen fein hacken, mit Zitronenschale, Salz und Pfeffer mischen. Am Rückgrat des Lammstücks unter der dortigen Fettschicht mit einem flachen Holzlöffel einen Hohlraum machen und einen Teil der Kräutermischung hineinschieben. Mit dem Rest die Brustseite einreiben.

Das Fleisch in einen flachen schweren Bräter legen und etwa 3 Stunden im Ofen braten. Das Fleisch ist gar, wenn es sich leicht von den Rippen lösen lässt.

Tipp: Bestellen Sie das Lendenkotelettstück beim Fleischer im Voraus. Wer einen Grillherd im Freien besitzt, kann das Fleisch auch dort zubereiten.

Slowenien: Luftgetrocknete Spezialitäten

Kulinarische Leckerbissen vom Bauernhof, vor allem dafür ist der nördlichste Staat des ehemaligen Jugoslawiens bekannt. Am berühmtesten, weit über Slowenien hinaus, ist der Karster Schinken. Karst ist die deutsche Übersetzung für die Region Kras, eine karge und steinige Landschaft im Südwesten des Landes. Erst ganz zum Schluss führt sie zu einem Zipfelchen von der Adria. Weil auf dem Karst viele Schafe weiden, wird dort auch guter Schafskäse hergestellt. Wettertypisch für die Gegend ist die Bora, ein trockener Fallwind, der vor allem im Winter weht. Dieser Wind hat aber auch sein Gutes, denn er lässt den berühmten Karster Schinken reifen. Im Geschmack ähnelt er Parmaschinken aus Italien und ist eine wichtige Zutat für »Jota«, ein slowenisches Eintopfgericht.

In Gorenjska, nördlich von Kras, haben sich die Bauern auf das Trocknen von Saumägen spezialisiert. Nur bestes Schweinefleisch aus dem Hinterschinken, manchmal auch Schaffleisch und fester Speck kommen da hinein. Dazu Salz, ganzer und gemahlener Pfeffer sowie Knoblauch. Dann wird der Saumagen auf eine besondere Art über mindestens zwei Monate abwechselnd gepresst und ganz leicht geräuchert und dann nochmals getrocknet. Ein Schmankerl für alle, die das Deftige lieben.

Deftige Schmankerl sind auch die vielen Wurstspezialitäten, die überall in Slowenien hergestellt werden. Oft mit Wildfleisch, hier und dort mit einem Anteil von bis zu dreißig Prozent! Wurst und Schinken ist aber längst nicht alles, was es in diesem Land luftgetrocknet zu probieren gibt. Wer den Nordosten des Landes bereist, kann im oberen Savinja-Tal sogar getrocknete Forellen kosten. Sie erinnern an Klippfisch und werden schon seit Ewigkeiten mit dieser uralten Methode haltbar gemacht.

Natürlich wird in der bäuerlichen slowenischen Küche auch Gemüse, Kartoffeln und Getreide verwendet. Besonders gern Buchweizen, aus ihm entstehen Brote und Brötchen, Suppen und Sterz. Was das ist? Ein Getreidebrei in Klümpchen, der auch in der benachbarten Steiermark als Spezialität bekannt ist. Dazu gibt es ausgelassenen Speck. Und gern auch ein Bier oder einen Roten aus dem eigenen Anbau. Immerhin heißt es, dass jeder dritte Mann im Land stolzer Besitzer eines Weinbergs ist. Riesig sind die produzierten Mengen nicht, aber schmecken tut der Wein wunderbar. Ebenso wie die klaren Brände aus Obst und Wacholder, von denen es eine große Auswahl gibt.

Die süße Küche Sloweniens erinnert natürlich an das Nachbarland Österreich. Auch hier gibt es Krapfen und die verschiedensten Strudel, mit Quark und Äpfeln, Mohn und Nüssen, mit Weizen- oder Buchweizenmehl. Nur dass die Strudel hier »Struklji« oder »Gibanica« und die Krapfen »Krapki« heißen. Süßschnäbeln läuft sicher bei jedem der Namen das Wasser im Munde zusammen …

Eintopf mit Schinken, Bohnen und Sauerkraut (Jota)

Die Kartoffeln schälen, waschen und klein schneiden, den Schinken würfeln, Knoblauch pellen und fein hacken. Schinken und Knoblauch im heißen Öl andünsten. Mit dem Mehl überstäuben und anschwitzen, Sauerkraut, Kartoffeln zugeben und 500 ml Wasser angießen. Alles zum Kochen bringen. In der Zwischenzeit die Bohnen in ein Sieb schütten und unter fließendem Wasser abspülen, auch zu dem Eintopf geben. Mit Salz, Pfeffer und Lorbeerblatt würzen und etwa 30 Minuten köcheln lassen. Zum Schluss nochmals abschmecken und servieren. Wer mag, erwärmt zusätzlich noch Würstchen in dem Eintopf.

Tipp: Wenn Sie keinen Karster Schinken bekommen, können Sie das Gericht natürlich auch mit anderem luftgetrockneten Schinken zubereiten.

Zutaten:

500 g	Kartoffeln
100 g	Karster Schinken
2	Knoblauchzehen
1 EL	Öl
1 TL	Mehl, gehäuft
500 g	Sauerkraut
1	kleine Dose braune Bohnen oder Kidneybohnen
	Salz
	Pfeffer, frisch gemahlen
1	Lorbeerblatt

Quarkstrudel
(Prleska Gibanica)

Zutaten für den Teig:

400 g	Weizenmehl
1 TL	Salz
1 Päckchen	Vanillezucker
1 Päckchen	Backpulver
1 EL	neutrales Öl
1	Ei
150 ml	warmes Wasser

Für die Füllung:

1 kg	Quark
500 ml	saure Sahne
1 Päckchen	Vanillezucker
150 g	Zucker
1 Prise	Salz
2 EL	neutrales Öl
1	Ei
100 g	geschmolzene Butter
50 g	Puderzucker

Das Mehl auf eine Arbeitsplatte geben, in die Mitte eine Vertiefung drücken und das Salz, Vanillezucker, Backpulver, Öl und Ei hineingeben. Die Zutaten vermischen, nach und nach das Wasser zugeben und alles zu einem glatten Teig verarbeiten, der sich gut von den Händen löst. Den Teig in eine Schüssel legen, die Oberfläche mit wenig Öl bestreichen, damit sich keine Haut bildet, mit einem feuchten Tuch abdecken und eine Stunde ruhen lassen.

In der Zwischenzeit aus dem Quark, 300 ml saure Sahne, Vanillezucker, Zucker, Öl und Salz die Füllung zubereiten.

Backofen auf 220°C (Gas Stufe 4) vorheißen. Den Teig auf der bemehlten Arbeitsplatte ausrollen. Für eine runde Kuchenform, am besten aus Ton, drei Teigschichten ausschneiden. Die Form leicht einfetten und die erste Teigschicht einlegen, darauf die Hälfte der Füllung streichen.
Die zweite Teigschicht auflegen und mit dem Rest der Füllung bestreichen. Ei mit der restlichen sauren Sahne mischen, auf die dritte Teigschicht streichen und alles mit der Butter beträufeln. Etwa 10 Minuten im heißen Backofen in der Mitte backen, dann auf 180°C (Gas Stufe 3) herunterstellen und etwa 40 Minuten fertigbacken. Nach dem Erkalten mit Puderzucker bestreut servieren.

Tipp: Beim Benutzen einer Springform kann es sein, dass während des Backens etwas Fett bzw. Flüssigkeit austritt. In diesem Fall hilft Alufolie unter der Form.

Buchweizensterz mit Rührei
(Jurjeva Kapa)

Zutaten für den Sterz:

250 g	Buchweizenmehl
500 ml	leicht gesalzenes Wasser
80 g	geräucherter Speck
4	Eier
	Salz
	Butter

Das Buchweizenmehl in einer Pfanne bei schwacher Hitze erwärmen, bis es angenehm duftet und eine gelbliche Farbe bekommt.

Das Wasser in der Zwischenzeit aufkochen lassen. Löffelweise zum leicht angerösteten Buchweizenmehl geben, aber immer nur so viel, wie das Mehl aufnehmen kann. Den dabei entstehenden Klumpen oder Sterz mit zwei Gabeln zerkleinern, bis er in kleine Klümpchen zerfällt. Wenn das Wasser aufgebraucht ist, zugedeckt noch etwa 30 Minuten ausdünsten lassen.

In der Zwischenzeit den Speck fein würfeln und auslassen. Für das Rührei die Eier mit etwas Salz verquirlen. In einer Pfanne die Butter erhitzen und ein saftiges Rührei zubereiten. Zum Servieren zuerst den ausgelassenen Speck samt Fett über den Sterz geben und darüber das Rührei platzieren.

Ungarn: Träume von Paprika und Gulasch

Bestellen sich Touristen in einem ungarischen Restaurant Gulasch, ist oft großes Erstaunen vorprogrammiert. Nicht das auch bei uns beliebte Schmorgericht mit Salzkartoffeln oder Reis kommt auf den Tisch, sondern eine Suppe. Denn »Gulyás« ist hier eine fleischhaltige Hirtensuppe, die schon vor Jahrhunderten in großen Kesseln über offenem Feuer geköchelt wurde. Da sind zwar durchaus auch Kartoffeln drin, aber zum Löffeln und nicht mit der Gabel aufzuspießen.

Wer nun doch lieber Messer und Gabel benutzt, sollte ganz einfach »Pörkölt« bestellen. Dieses Gericht aus in Schmalz angebratenen und geschmorten Fleischwürfeln entspricht schon eher den hier verbreiteten Vorstellungen von Gulasch. Ebenso wie »Tokány«, im eigenen Saft geschmorte Fleischstreifen, und ein drittes Gulaschgericht der ungarischen Küche: »Paprikás«. Hierbei wird dem Fleisch oder dem Fisch saure Sahne zugefügt. Paprikaschoten und Paprikapulver geben diesen Gerichten die berühmte Schärfe.

Paprika, das ungarische Allroundgewürz, gehört scheinbar schon seit Ewigkeiten zu Ungarn. Dabei fand das scharfe rote Pulver erst relativ spät Verwendung in der Küche. Die Türken brachten ihren »türkischen Pfeffer« zwar schon im 17. Jahrhundert ins Land. Aber nicht um damit zu würzen, sondern als Arznei. Noch mehr als hundert Jahre sollte es dauern, bis das Pulver aus den kleinen roten Schoten charakteristisch für die ungarische Küche wurde. Richtig berühmt wurde Paprika durch den französischen Koch Escoffier, der es sich 1879 nach Monte Carlo schicken ließ.

Und wie sieht es mit Paprika als Gemüse aus? Die Ungarn lieben ihre vielen Sorten an grünen, roten und gelben Paprikaschoten, die es auch noch in verschiedenen Formen und Schärfegraden gibt. Sie nutzen sie zum Füllen, in Salaten, schmoren sie als Letscho, legen sie sauer ein oder essen sie einfach so. Zusammen mit Tomaten und Zwiebeln gehören sie auch in »Halászlé«, die ungarische Fischsuppe. Karpfen, Wels, Zander, Hecht und auch noch andere Süßwasserfische für dieses Gericht werden am liebsten selbst geangelt. Jede Region hat ihr eigenes Rezept für die Suppe, die Würze kommt von scharfem Paprikapulver.

Natürlich muss es bei soviel Schärfe in der ungarischen Küche auch einen Ausgleich für den Gaumen geben. Dafür sorgen süße Spezialitäten wie Palatschinken, Strudel, Krapfen und mehr. Viel Freude macht es, diese in einem der wunderschönen alten Kaffeehäuser in Budapest zu genießen. Dort lässt sich auch der berühmte Tokaier, ein feiner Dessertwein aus dem Norden Ungarns, probieren. Andere, eher trockene Weine kommen oft aus den Anbaugebieten rund um den Plattensee.

Wildschweinpörkölt mit Pilzen
(Gombás vaddisznópörkölt)

Zutaten:

800 g	Wildschweinkeule oder Schulter
2	Zwiebeln
50 g	Schweineschmalz oder 5 EL Öl
2 TL	edelsüßes Paprikapulver
	Salz
	Pfeffer, frisch gemahlen
200 ml	trockener Rotwein
250 g	Pilze, z. B. Champignons
100 g	durchwachsener Speck
3 EL	Mehl

Das Fleisch von eventuell vorhandenen Sehnen befreien und in 2 cm große Würfel schneiden. Die Zwiebeln pellen, fein würfeln und im heißen Fett andünsten, bis sie goldgelb sind. Vom Herd nehmen, das Paprikapulver und die Fleischwürfel zugeben, wieder auf den Herd stellen und einige Minuten unter Rühren anbraten. Dann salzen und pfeffern und den Rotwein angießen. Zugedeckt etwa 60 Minuten schmoren, bis das Fleisch gar ist.

In der Zwischenzeit die Pilze putzen und vierteln, den Speck in feine Streifen schneiden. In einer Pfanne den Speck ausbraten, dann die Pilze zugeben und mitbraten, bis nur noch wenig Flüssigkeit in der Pfanne ist. Vorsichtig salzen, da der Speck bereits salzig ist. Zum Ende der Garzeit zu dem Fleisch geben.

Mehl in etwas Wasser anrühren, zum Pörkölt geben, aufkochen lassen und die Sauce damit andicken. Um das Mehl ausquellen zu lassen, die Sauce noch einige Minuten köcheln lassen. Mit Nockerln servieren.

Nockerln (Nokedli oder Galuska)

Zutaten:

2	Eier
1 Prise	Salz
400 g	Mehl
50 g	Butter oder Schmalz

Eier, Salz und 200 ml Wasser in einer Rührschüssel mischen. Das Mehl nach und nach mit einem Kochlöffel einrühren, es soll ein dickflüssiger Teig entstehen. Den Teig 10 Minuten ruhen lassen.

Reichlich Salzwasser in einem großen Topf zum Kochen bringen. Den Teig auf ein Holzbrett geben und am Topfrand abstützen. Mit einem Teelöffel kleine Nockerln abstechen und in das kochende Wasser gleiten lassen. Oder eine spezielle Nockerlnreibe benutzen, dann den Teig durchstreichen und in das Wasser tropfen lassen. Die Nockerln sind fertig, wenn sie an der Wasseroberfläche schwimmen. Mit einer Schaumkelle herausnehmen, mit lauwarmem Wasser abschrecken und vor dem Servieren in heißem Fett schwenken.

Fischpaprika mit Karpfen
(Pontypaprikás)

Die Filetstücke salzen. Die Zwiebeln pellen, grob würfeln und im heißen Fett in einer Schmorpfanne andünsten. Das Paprikapulver zugegeben, verrühren und etwas Wasser angießen. Den Fisch darauflegen und zugedeckt bei niedriger Hitze insgesamt etwa 20 Minuten dünsten.

In der Zwischenzeit die Paprikaschoten waschen, putzen, von den Kernen befreien und in Ringe schneiden. Die Tomaten waschen und längs halbieren. 10 Minuten vor Ende der Garzeit das Gemüse zum Fisch geben und mitdünsten.

Wenn der Fisch gar ist, die Stücke aus der Pfanne nehmen und warm halten. Das Mehl mit der sauren Sahne verrühren, zum Gemüse geben und kurz aufkochen lassen. Die Hitze herunterschalten und alles weitere 5 Minuten köcheln lassen. Vor dem Servieren die Fischstücke kurz mit dem Gemüse und der Sauce erwärmen. Mit Salzkartoffeln oder Reis servieren.

Zutaten:

800 g	Karpfenfilet
	Salz
100 g	Zwiebeln
50 g	Butter
	oder 5 EL Öl
2 TL	edelsüßes Paprikapulver
3	grüne Paprikaschoten
12	Cocktailtomaten
300 ml	saure Sahne
30 g	Mehl

Slowakei: Spätzle und andere Mehlspeisen

Ein bisschen größer als ihre Verwandten aus Baden-Württemberg sehen die slowakischen Spätzle schon aus, eher wie kleine Nocken. Ein Lieblingsessen sind sie aber auch hier. Mit Schafskäse werden sie in der Slowakei gegessen und heißen »Bryndzové Halusky«. Und noch einen Unterschied gibt es: Die Nocken bestehen nicht nur aus Mehl, Eiern und Wasser wie ihr Pendant in Deutschland. In den Teig kommen zusätzlich rohe, geriebene Kartoffeln.

Typisch slowakisch ist der Schafskäse, der dieses Gericht krönt. Der »Bryndza« hat eine lange Tradition, denn es gibt ihn bereits seit zweihundert Jahren. Auf die Nocken kommt er entweder pur, und dann nur ein wenig zerbröselt, oder aufgelöst in einer Milch-Sahne-Sauce. Damit es dann so richtig deftig schmeckt, gibt es noch eine ordentliche Portion gebratenen, ausgelassenen Speck oben drauf. Und dann fehlt nur noch das erlösende guten Appetit, oder »Dobrú Chut«, wie die Slowaken sagen.

Ansonsten stehen besonders gern Fleischgerichte im südlichen Teil der ehemaligen Tschechoslowakei auf dem Speiseplan. Was bei den Tschechen nicht anders ist. Beliebt sind Braten und geräuchertes Fleisch, ebenfalls panierte Schnitzel, die »Rezen« heißen. Als Beilagen gibt es Kartoffeln oder Klöße, manchmal kommen Nudeln oder Reis auf den Teller. Und gekochtes Gemüse, am liebsten Sauerkraut. Wichtig bei allen Mahlzeiten ist frisch gebackenes Brot. Das gibt es vorher, oft anstatt einer Vorspeise.

Gerichte aus ihrer süßen Küche mögen die Slowaken nicht nur als Abschluss eines guten Essens. Mit Pflaumen oder Aprikosen gefüllte Knödel und auch andere Mehlspeisen dürfen ruhig auch mal die Rolle des Hauptgerichts übernehmen. Die Tschechische Republik, Österreich und Ungarn als Nachbarländer lassen grüßen. Das gilt genauso für den in allen vier Ländern beliebten Palatschinken. Soll der Nachtisch etwas Besonderes sein, dann gibt es Torte. Dazu trinkt man in der Regel einen türkischen Kaffee, also mit Kaffeesatz am Boden.

Ihren Durst löschen die Slowaken dagegen lieber mit einem Bier oder auch Wein. Wenn es ein Schnäpschen sein darf, fällt die Wahl meist auf »Borovicka«, einem starken Gin oder auf einen Obstbrand, entweder aus Pflaumen oder aus Aprikosen. »Slivovica« und »Marhulovica« sind ihre Namen, und beide schmecken hervorragend ...

Walnuss-Torte

Zutaten:

300 g	Walnüsse
7	Eier
250 g	weiche Butter
275 g	brauner Zucker
2	Päckchen Vanillezucker
175 g	Mehl
1 1/2 TL	Backpulver
75 g	Rosinen
2 EL	Kakaopulver
	Butter zum Einfetten der Form
	Runde Springform, Durchmesser 28 cm, oder eckige Form 20 x 30 cm groß

Den Backofen auf 175°C (Gas Stufe 3) vorheizen.

200 g Walnüsse grob mahlen, das geht am besten in der Küchenmaschine. 3 Eier trennen. Eiweiß für später zur Seite stellen. In einer Rührschüssel die Butter, 225 g Zucker und den Vanillezucker zu einer sahnigen Creme rühren. Erst die 3 Eigelbe, dann noch 4 ganze Eier nacheinander in die Buttermischung rühren. Jedes Ei muss zuerst vollständig aufgenommen sein, bevor das nächste zugefügt wird. Danach noch weitere 3 Minuten rühren. Zum Schluss Mehl, Backpulver und gemahlene Walnüsse zufügen und alles mit dem Mixer verrühren. Den Teig in die gefettete Form füllen und glatt streichen. In der Mitte des heißen Backofens ca. 30 Minuten backen.

Inzwischen die Rosinen mit den restlichen Walnüssen in der Küchenmaschine fein mahlen. Die drei Eiweiß steif schlagen, den restlichen Zucker zufügen und weiter schlagen, bis das Eiweiß glänzt. Kakao auf das Eiweiß sieben. Rosinen-Nussmischung zufügen und alles unter das Eiweiß heben. Die Eiweißmischung auf der Torte verteilen und noch weitere 25 Minuten backen.

Die Torte aus dem Ofen nehmen, abkühlen lassen und in Stücke schneiden. Lauwarm oder kalt mit Schlagsahne oder einem Löffel Crème fraîche servieren.

Kartoffelnocken mit Schafskäse (Bryndzové Halusky)

Die Kartoffeln schälen und reiben, mit den Eiern, dem Mehl und etwas Salz zu einem feuchten Teig verarbeiten. Falls er zu trocken ist, noch ein wenig Wasser dazugeben.

In einem großen Topf reichlich Salzwasser zum Kochen bringen. Den Kartoffelteig auf ein zuvor mit kaltem Wasser abgespültes Holzbrett streichen, kleine Nocken abschaben und direkt in das kochende Wasser gleiten lassen. Wenn sie an der Oberfläche schwimmen, mit einem Schaumlöffel herausnehmen und mit dem zerbröckelten Schafskäse mischen. Warm stellen.

Den Schinkenspeck in Streifen schneiden und in einer Pfanne ausbraten, wenn nötig, etwas Butter zugeben. Die »Halusky« auf Tellern anrichten und mit den kross gebratenen Schinkenspeckstreifen servieren. Dazu passen ein frischer Blattsalat und ein Bier.

Zutaten:

750 g	Kartoffeln
2	Eier
300 g	Mehl
	Salz
250 g	Bryndza oder anderer Schafskäse
100 g	Schinkenspeck
	eventuell etwas Butter

Österreich: Kärntner Urlaubsküche

Schlicht ist sie im Allgemeinen die traditionelle Kärntner Küche, was nicht heißt, dass sie nicht gut ist. Zehntausende Urlauber können nicht irren, die jedes Jahr wieder mit Kind und Kegel in den Süden Österreichs an die vielen Seen fahren. Und die Gasthäuser sind immer gut gefüllt. Ein Highlight mit Tradition ist auf jeder Speisekarte zu finden: Kärntner Kasnudeln. Diese riesigen und dabei superzarten Teigtaschen schmecken einfach hinreißend. Gefüllt mit einer Masse aus Quark, Minze und anderen Kräutern, Knoblauch und Zwiebeln werden sie mit brauner Butter serviert. Und wecken Erinnerungen an feinste Teigwaren aus dem benachbarten Italien.

So manches Mal ist fast ein Wörterbuch nötig, um die Namen der Gerichte auf einer Speisekarte in Kärnten zu verstehen. Nur Österreicher aus den anderen Bundesländern mögen noch verstehen, was »Fleischlabalan mit Eierschwammerln und Erdäpfelstamp« sind. Oder »Katzngschra«. Dass dazu Knödel gereicht werden, erkennt auch der Tourist, der nördlich der Alpen zuhause ist. Aber die übrigen Namen? Wer einfach mutig probiert, ist sicher angenehm überrascht. Denn hinter dem »Katzengeschrei« verbirgt sich ein deftiger Schweinegulasch, in den auch Leber und Nieren gehören und der mit verschiedensten Kräutern gewürzt ist. Der Biss in die »Fleischlabalan« gleicht schlichtweg dem in Frikadellen oder Bouletten. Dazu gibt es köstliche Pfifferlinge in Sahnesauce und Kartoffelpüree.

Die ursprüngliche Kärntner Küche ist gesund. Vollwertige Getreidesorten gehören dazu, viel Quark und Milch, Obst und Gemüse. Die Bestandteile hören sich an wie abgeschrieben aus einem modernen Ernährungsberater. Früher aßen die Kärntner Fleisch und ihre süßen Mehlspeisen auch wirklich nur an Festtagen, Schmalzgebackenes nur nach schwerer körperlicher Arbeit. Das sieht man heute nicht mehr so eng. Viele Rezepte sind inzwischen verfeinert worden. So wie die Suppe aus Holler- oder Holunderbeeren, die im Spätsommer schmeckt. Einst wurde sie nur mit Wasser und einer Spur Zucker gekocht und mit Schwarzbrot serviert. Zubereitet mit Wein, Zitrone und geschmückt mit Nocken aus Eischnee kann sie sich heute auch im Restaurant sehen lassen.

Für den Genuss nach dem Essen warten heute wie damals gute Kärntner Obstbrände. Einheimische und Urlauber schätzen sie gleichermaßen. Nur, dass letztere auch in diesem Fall eventuell ein Wörterbuch benötigten. Denn Aprikose heißt hier »Marille« und Johannisbeere »Ribisel«. Das ist nicht nur in Kärnten sondern in ganz Österreich so.

Schweinegulasch mit Leber und Nieren (Katzngschra)

Zutaten:

400 g	Schweineschulter
1	Zwiebel
1	Knoblauchzehe
3 EL	Öl
200 g	Schweineleber
1	Niere vom Schwein, gewässert
2 EL	Mehl
2	Lorbeerblätter
1/2 TL	Majoran
1/2 TL	Thymian
2 EL	Weißweinessig
	Salz
2	Stängel Estragon
2	Stängel Basilikum

Die Schweineschulter in feine Streifen schneiden. Zwiebel und Knoblauch pellen und hacken. In einer Schmorpfanne das Öl erhitzen und die Zwiebeln darin goldbraun rösten. Die Fleischstreifen zugeben und anbraten, ebenfalls den Knoblauch zugeben. Mit wenig Wasser angießen und etwa 20 Minuten bei niedriger Hitze schmoren. Das Wasser fast einkochen lassen.

Leber und Niere in dünne Scheiben schneiden, zum Fleisch geben und mitschmoren. Das Mehl überstäuben und anschwitzen. Lorbeerblätter, Majoran und Thymian ebenfalls zugeben und soviel Wasser angießen, dass eine sämige Sauce entsteht. Alles 10 Minuten weiter köcheln lassen, und erst dann mit dem Essig und Salz abschmecken.

Estragon und Basilikum von den Stängeln zupfen, klein schneiden und kurz vor dem Servieren unter den Gulasch mischen.
Mit Klößen oder Salzkartoffeln servieren.

Kärntner Kasnudeln

Zutaten für den Nudelteig:

500 g	Mehl
1 TL	Salz
1	Ei
1 EL	Öl
etwa 100 ml	lauwarmes Wasser

Zutaten für die Füllung:

500 g	Kartoffeln, mehligkochend
500 g	trockener Magerquark
1	Zwiebel
1	Knoblauchzehe
50 g	Butter
1 TL	Salz
1 TL	Minze
1 TL	Kerbelkraut
1 Msp.	Majoran
	Braune Butter zum Servieren

Für den Teig das Mehl, Salz, Ei, Öl und Wasser sorgfältig zu einem glatten, nicht zu festen Teig verkneten. Den Teig für ein paar Stunden im Kühlschrank ruhen lassen, besser noch über Nacht.

Für die Füllung die Kartoffeln in der Schale kochen. Wenn sie gar sind, noch heiß pellen, sofort durch eine Kartoffelpresse geben oder mit einem Stampfer zu Püree verarbeiten. Mit dem Quark mischen.

Zwiebel und Knoblauch pellen, klein schneiden und in der Butter andünsten. Die Kräuter waschen, trocken tupfen und fein hacken. Alles zu der Quarkmischung geben und mit Salz abschmecken.

→

Den Nudelteig teilen und jeweils ausrollen. Aus der Füllung kleine Knödel formen und im Abstand von 5–6 cm auf einen Teil Nudelteig legen. Alles mit der zweiten Hälfte bedecken. Nun entweder mit einem Glas die Nudeltaschen bzw. Kasnudeln ausstechen oder mit einem Kuchenradel rund ausschneiden. Die Ränder fest zusammendrücken, denn es darf kein Luftloch bleiben, sonst platzen die Nudeln beim Kochen. Aus den Teigresten dünne Schnüre formen. Die Ränder der Kasnudeln damit verzieren, indem man ein kleines Stück Teig auflegt, es verdreht und festdrückt, es wieder dreht und festdrückt, usw. Die fertigen Kasnudeln in Salzwasser etwa 10 Minuten kochen. Mit brauner Butter servieren.

Tipp: Dazu passt ein grüner Blattsalat.

Suppe von Holunderbeeren mit Eischneenocken
(Schwarzhollersuppe mit Nockalan)

Zutaten:

1 kg	reife Holunderbeeren
1	Vanilleschote
1	unbehandelte Zitrone
125 g	Zucker
1 Prise	Salz
2	säuerliche Äpfel
250 ml	Weißwein
2 EL	Speisestärke
2	Eiweiß
2 TL	Puderzucker
500 ml	Milch

Die Holunderbeeren waschen und von den Stängeln streifen. Einige Beeren zum Dekorieren beiseite legen. Vanilleschote aufschlitzen und die Zitrone dünn schälen. Es sollte möglichst wenig Weißes an der Schale sein, weil es bitter schmeckt. Den Zitronensaft auspressen. Die Holunderbeeren mit 250 ml Wasser, der Vanilleschote, Zitronenschale und dem Salz aufkochen. Durch eine Sieb schütten und gut abtropfen lassen, dabei den Saft auffangen.

Die Äpfel schälen, Kerngehäuse entfernen und in Scheiben schneiden. Mit etwas Zitronensaft beträufeln, damit sie nicht braun werden. Den Holundersaft zusammen mit dem Wein erhitzen und die Apfelscheiben darin nur kurz garen. Speisestärke mit wenig kaltem Wasser anrühren, die Suppe damit binden und mit dem restlichen Zitronensaft abschmecken.

Eiweiß mit dem Puderzucker zu sehr steifem Schnee schlagen. In einem breiten Topf die Milch zum Kochen bringen. Mit zwei Teelöffeln Nocken aus der Eiweißmasse stechen und in die heiße Milch geben. Die Nocken auf jeder Seite 30 Sekunden garen lassen und zwischendurch wenden. Dann die Nocken herausnehmen, auf einen Teller legen und etwas abkühlen lassen.

Zum Servieren die Eiweißnocken auf die Suppe setzen und mit den restlichen Holunderbeeren dekorieren.

Tipp: Statt mit Äpfeln schmeckt die Suppe auch mit Birnen, die Eiweißnocken lassen sich durch geschlagene Sahne ersetzen.

Tschechien: Knödel, Fleisch und Sauce

Semmelknödel, Kartoffel- und Serviettenknödel, Knödel aus Hefeteig, Grieß- und Quarkteig, allesamt sind typisch für die tschechische, beziehungsweise böhmische Küche. »Knedlíky« werden sie genannt, wobei die ersten drei Sorten eher herzhafte Gerichte wie den beliebten Schweinebraten begleiten. Süß und zum Teil mit Obst gefüllt spielen die letzten drei bei Naschkatzen eine wichtige Rolle.

Alles in allem ist die traditionelle Küche Tschechiens nichts für Schlankheitsapostel und Kalorienzähler. Liebhaber von Fleischgerichten mit guten und reichlich bemessenen Saucen erfreuen sich an ihr umso mehr. Egal ob es sich um saftigen Schweinebraten, einen Prager Schinken oder geschmorte Rinderlende handelt. Auch Lammgulasch, Gänsebraten oder, als besonderer Leckerbissen, Rehrücken lassen das Herz von Freunden guter und deftiger Hausmannskost höher schlagen. Und damit von der jeweiligen Sauce auch ja kein Tropfen verloren geht, müssen die Beilagenknödel zum Aufstippen schön duftig und locker sein. Dazu isst man besonders gern Sauerkraut. Tschechen und Slowaken sind sich in dieser, wie noch so manch anderer kulinarischen Vorliebe ganz einig.

Zu einem guten Essen gehört außerdem eine Suppe vorweg. Das kann eine klare Bouillon mit Einlage sein, zum Beispiel Nudeln, Reis, Gemüse oder auch Leberknödel. Andererseits gibt es eine große Auswahl angedickter Suppen mit Mehlschwitze, die jedoch mehr sättigen. Typisch sind Kartoffelsuppe, »Bramborová polévka«, Erbsen-, Weißkohl- und Kuttelsuppe.

So manches Mal findet auch Fisch den Weg in die Suppenschüssel oder auf den Teller. Weihnachten ist Fisch dagegen ein Muss. Dann wird der Familie Karpfen serviert, entweder paniert oder als »Schwarzer Karpfen« mit einer dunklen, süßlichen Sauce. Kümmel und Knoblauch oder Pilze begleiten den fettreichen Süßwasserfisch bei anderen Gelegenheiten. Weitere Fischangebote auf tschechischen Speisekarten: Forelle, Aal, Hecht und Wels.

Um einiges größer noch ist die Auswahl an Süßspeisen und Desserts. Schon allein die verschiedenen Knödelvariationen verdienen es alle, probiert zu werden. Gefüllt mit frischem oder eingemachtem Obst, vor dem Servieren noch mit Puderzucker, Zimt, gemahlenem Mohn, gerösteten Semmelbröseln oder geriebenen Nüssen bestreut und mit brauner Butter begossen, ist schon jeder Knödel für sich ein süßer Traum. Doch es geht noch weiter mit Liwanzen, Kolatschen, Strudeln, Buchteln und Palatschinken. Das reicht noch nicht? Na dann lässt sich bestimmt unter den Kuchen und Torten noch etwas finden, um den Appetit auf Süßes zu stillen ...

Wer Süßes lieber in flüssiger Form mag, der greift bei »Becherovka«, dem berühmten Karlsbader Kräuterlikör zu. Noch weit berühmter ist allerdings das tschechische »Pivo«. Es gibt wohl kaum einen Biertrinker weltweit, der Pilsner Urquell und Budweiser nicht kennt. Dass in den Weinbaugebieten nördlich von Prag und in Südmähren auch guter Wein erzeugt wird, ist außerhalb des Landes viel zu wenig bekannt.

Semmelknödel (Houskové Knedlíky)

Zutaten für 6 Personen:

2	Brötchen vom Vortag
350 g	Mehl
150 g	Grieß
1	Ei
25 g	Hefe
200 ml	warme Milch
100 ml	Mineralwasser
1 TL	Salz
1 EL	Butter

Mehl zum Bestäuben

Brötchen in 1 cm große Würfel schneiden. Mehl und Grieß in eine Schüssel geben und mischen. Ei und Brötchenwürfel dazugeben. Die Hefe in der warmen Milch auflösen und zum Mehl gießen. Das Ganze zu einem glatten Teig verkneten, dabei nach und nach das Mineralwasser zugießen. Den gut durchgekneteten Teig zu einer glatten Kugel formen, wieder in die Schüssel geben, mit etwas Mehl bestäuben und mit einem feuchten Tuch abgedeckt an einem warmen Ort 2 Stunden gehen lassen.

Den gegangenen Teig nochmals durchkneten und teilen. Jedes Teigstück zu einer Rolle formen. Die Teigrollen abgedeckt an einem warmen Ort nochmals 10 Minuten gehen lassen. Inzwischen in einem großen Topf reichlich Wasser mit Salz und Butter aufkochen lassen. Die Teigrollen hineingeben, bei mittlerer Hitze zugedeckt 25 Minuten kochen. Dabei den Topfdeckel nicht abheben. Die fertigen Knödel vorsichtig mit einer Schaumkelle aus dem Wasser nehmen. Mit einer Gabel mehrmals anstechen, damit die Luft entweichen kann, und mit Küchengarn in 1,5 cm dicke Scheiben schneiden.

Böhmische Liwanzen
(Livancy)

Zutaten:

400 g	Mehl
20 g	Hefe
250 ml	lauwarme Milch
30 g	Butter
30 g	Zucker
1	Prise Salz
	abgeriebene Schale von einer 1/2 unbehandelten Zitrone
2	Eier

Zum Füllen:

250 g	Pflaumenmus
2 cl	Rum
1/2 TL	Zimt
30 g	Butter
	Puderzucker

Das Mehl in eine Schüssel sieben, in der Mitte die Hefe zerbröckeln und mit der Hälfte der Milch und etwas Mehl verrühren. Den Vorteig an einem warmen Platz zugedeckt 20 Minuten gehen lassen.

Die 30 g Butter zerlassen, mit dem Zucker, Salz, Zitronenschale und Eiern verrühren. Mit der restlichen Milch zum Hefeteig geben und alles zu einem dickflüssigen Teig mischen. Den Hefeteig 45 bis 60 Minuten gehen lassen.

Pflaumenmus mit Rum und Zimt verrühren. In einer Bratpfanne die Butter zerlassen. Kleine Küchlein formen und in der Pfanne von jeder Seite goldgelb backen.

Auf die Hälfte der Küchlein je einen Esslöffel Pflaumenmus geben und ein zweites daraufsetzen. Vor dem Servieren mit Puderzucker besieben.

Tipp: Noch leichter lassen sich die Küchlein in einer speziellen Liwanzenpfanne backen. Ein hübsches Mitbringsel von einer Pragreise.

Schweinebraten mit Sauerkraut
(Veprová a kyselým zelim)

Zutaten für 6 Personen:

1,2 kg	Schweinebraten (Rücken oder Schulter)
	Salz
1 TL	Kümmel
2	Zwiebeln
1	große Möhre
2	Zwiebeln
2 EL	Schweineschmalz
1 kg	Sauerkraut
375 ml	Weißwein
1	Lorbeerblatt
5	Wacholderbeeren
	Salz
	Pfeffer, frisch gemahlen
	Zucker

Den Backofen auf 220°C (Gas Stufe 4) vorheizen. Schweinefleisch mit Salz einreiben, mit Kümmel bestreuen und in einen Bräter legen. 125 ml heißes Wasser zugießen, den Bräter in den heißen Ofen schieben und 30 Minuten braten.

Zwiebeln und Möhre schälen und in grobe Stücke schneiden. Beides um den Braten legen, etwas heißes Wasser nachgießen und die Temperatur auf 190°C (Gas Stufe 3) zurückschalten. Den Braten 90–100 Minuten weiterbraten, dabei jeweils nach 30 Minuten etwa 90 ml heißes Wasser zugießen und das Fleisch mit dem Bratenfond beschöpfen. Wenn der Braten fertig ist, vor dem Aufschneiden noch 10 Minuten im ausgeschalteten Backofen ruhen lassen.

Für das Sauerkraut zuerst die Zwiebeln pellen und würfeln. Das Schmalz erhitzen und die Zwiebeln darin andünsten. Sauerkraut locker auseinanderzupfen und zugeben, den Wein angießen, ebenfalls Lorbeerblatt und Wacholderbeeren. Alles zugedeckt 30 Minuten dünsten. Zum Schluss mit Salz, Pfeffer und Zucker abschmecken und zum Schweinebraten servieren. Dazu passen Semmelknödel.

Tipp: Als Sauce eignet sich der Bratenfond. Wer mehr Sauce möchte, verlängert sie mit Wein oder Bier und dickt sie mit Saucenbinder ein.

Hier wächst Europa zusammen:

12 Menüvorschläge quer durch die Länder

Drei Gänge machen ein Menü in der Regel aus: Vorspeise, Hauptgericht und Dessert. Bei einem besonderen Anlass darf es auch mal ein Gericht mehr sein. Aus einigen Länderküchen, zum Beispiel Irland, den Niederlanden und Tschechien, ergeben die jeweils vorgestellten Gerichte schon eine landestypische Speisenfolge. Viele Rezepte lassen sich aber auch überregional kombinieren. Manche sind sogar partytauglich.

Sonnige Urlaubsküche

Dill-Zucchini | Spanien / Andalusien, S. 64
Lammbraten mit Senfkruste | Frankreich / Roussillon, S. 68
Auberginenpfanne | Malta, S. 76
Mandelkuchen | Portugal, S. 60

Dieses Menü lässt Ferienstimmung aufkommen. Wenn Sie vier Personen damit verwöhnen wollen, bereiten Sie von den Zucchini ruhig die doppelte Menge zu. Oder Sie nehmen noch ein zweites Tapasgericht zusätzlich, z. B. die Geflügelleber. Servieren dazu knuspriges Weißbrot und einen trockenen oder halbtrockenen Sherry. Übrigens lassen sich die Zucchini wunderbar vorbereiten, der Mandelkuchen ebenfalls.

Die Auberginenpfanne köchelt, während die Lammkeule im Ofen brät. Dazu schmecken Röstkartoffeln, die besonders gut in der Fettpfanne direkt unter der Lammkeule gelingen.

Weinempfehlung: 2001er Alliance d'Or, 12%vol. Der rote Landwein aus dem Languedoc von der Domaine Pujol-Izard besticht durch seine mediterrane Aromatik voller Kräuterwürze und reifer roter Beeren. Er stammt aus den heimischen Rebosrten Caladoc, Carignan, Grenache und Cinsault. Bei etwa 17°C Trinktemperatur geht dieser Wein mit der »Sonnigen Urlaubsküche« eine goldene Allianz ein.

Aus der K&K-Küche

Hollersuppe | Österreich / Kärnten, S. 100
Wildschweinpörkölt mit Nockerln | Ungarn, S. 92
Quarkstrudel | Slowenien, S. 96

Auch für eine große Runde eignet sich dieses Menü. Die angegebenen Zutatenmengen für Suppe, Wildschwein und Nockerln lassen sich problemlos verdoppeln oder gar verdreifachen. Und Quarkstrudel backen Sie einfach gleich zwei, die dürften aber auch als Dessert für 10–12 Personen reichen.

Alle drei Gänge lassen sich zudem wunderbar schon einen bis zwei Tage vorher zubereiten. Die Eischneeflocken auf der Suppe machen Sie eine Stunde, bevor die Gäste kommen. Nur die Nockerln schmecken am besten, wenn sie frisch zubereitet sind. Wem das zuviel Mühe macht, der weicht auf fertige Spätzle aus dem Kühlregal aus. Zum Hauptgang passt ein kräftiger Rotwein.

Weinempfehlung: 2000er Rosenthal Blauer Zweigelt, QbA, Wulkatal, 12 %vol.
Der trockene Rotwein vom Weingut Alfred Fischer aus dem österreichischen Burgenland überzeugt mit seiner feinen Würz- und Kräuteraromatik; er duftet vor allem nach nach Kamille und Senf und zeigt sich am Gaumen verspielt und knackig frisch.
Empfohlene Genusstemperatur: 17°C.

Skandinavisches Menü

Smörrebröd mit Muscheln
Smörrebröd mit Lachs und Rührei | Dänemark, S. 32
Köttbullar | Schweden, S. 24
Preiselbeerparfait | Finnland, S. 28

Nicht nur in der Weihnachtszeit schmecken die Fleischbällchen. Das werden Ihnen Kinder, die sie in den Restaurants eines bestimmten schwedischen Möbelhauses probiert haben, immer wieder bestätigen. Typisch skandinavisch bereiten Sie zu den Köttbullar karamellisierte Kartöffelchen und Grünkohl zu. Wer den nicht mag, isst nur Sauce und Preiselbeeren dazu.

Für eine hungrige Runde lohnt es sich, ruhig drei verschiedene Sorten Smörrebröd anzubieten. Alternativ lassen sich die appetitlichen Brote auch mit schwedischen Sild belegen. Fleischfreunde freuen sich über ein Scheibchen Roastbeef. Ein Aquavit dazu versteht sich fast von selbst. Zu den Köttbullar passt Bier.

Es grünt so grün ...

Magirítsa | Griechenland, S. 84
Havelzander mit Schmorgurken | Deutschland / Brandenburg, S. 36
Apple Crumble | Irland, S. 52

Im Frühling oder Sommer ist der richtige Zeitpunkt für dieses Essen. Wenn Sie noch keine Schmorgurken bekommen, lässt sich das Gemüse auch ohne Probleme mit normalen Salatgurken zubereiten. Dazu gibt es kleine Butterkartöffelchen. Natürlich ist auch der Zander aus der Havel austauschbar, der ja nur dieses eine brandenburgische Gewässer durchschwimmt. Ein gebratenes Lachsfilet oder eines vom Rotbarsch schmecken ebenso gut zum Gurkengemüse.

Gut vorbereiten lassen sich die griechische Ostersuppe und der Apfelkuchen. Geben Sie Kräuter, Salat und Spinat beim Aufwärmen zu und binden Sie die Suppe erst kurz vor dem Servieren. Zum Apple Crumble passt ein Irish Coffee. Wer auf Alkohol verzichten möchte, trinkt eine Tasse Kaffee zum Dessert.

Weinempfehlung: 2003er Romane Chardonnay, 12,5 %vol. Der von exotischen Aromen geprägte Landweine von den Caves Du Haut Poitou im südlichen Loiretal ist in Punkto Frische und Rebsortencharakteristik kaum zu übertreffen. Er duftet nach Kiwi und Ananas und wirkt durch eine prägnante Säure sehr verspielt.
Optimale Trinktemperatur: 9–10 °C.

Sonntagsessen

Steckrübensuppe | Finnland, S. 28
Sauerbraten mit Kartoffelpuffer | Luxemburg, S. 40
Käse in Mandelkruste | Niederlande, S. 48

Damit Sie am Sonntag auch noch etwas Schönes unternehmen können und nicht den ganzen Tag für das Menü in der Küche stehen, lässt sich einiges vorbereiten. Steckrübensuppe und Sauerbraten werden bereits einen Tag zuvor gekocht, ebenso die Rotweinbirnen für den Käsegang. Bleibt nur noch das Reiben der Kartoffeln für die Puffer. Ganz einfach machen Sie es sich mit vorbereitetem Teig für rohe Klöße aus dem Kühlregal. Nur noch mit Ei und Petersilie vermengen und dann ab in die Pfanne. Zum Hauptgang passen grüne Bohnen oder ein Salat.

Den Käse können Sie ebenfalls im Voraus panieren, er muss sowieso eine Weile im Kühlschrank stehen. Zu aufwändig? Dann tauschen Sie das Dessert einfach aus. Ganz schnell gelingt das finnische Preiselbeerparfait.

Weinempfehlung: 2001er Domaine du Prince, AC Costière de Nimes, 13,0 %vol. Die Cuvée aus Syrah und Grenache stammt aus der Cooperative Costières et Soleil. Die Appellation schließt sich unmittelbar ans südliche Rhônetal an und ihre Weine bringen daher schon einen gewissen Mediterranen Touch mit sich. Ein echter Sonntagswein, der nach Kakao-Creme und Kirsche duftet und sich im Mund sehr weich und rund zeigt – mit allem drum und dran! Optimale Trinktemperatur: 18°C

Menü für Vegetarier

Tomaten mit Tapenade und Schafskäse | Roussillon / Frankreich, S. 68
Kärntner Kasnudeln | Kärnten / Österreich, S. 100
Verschleiertes Bauernmädchen | Dänemark, S. 32

Auch Genießer, die weder Fleisch noch Fisch mögen, werden in Europas Küchen fündig. Obwohl im Süden mehr als im Norden, bieten fast alle Regionalküchen wenigstens einige Rezepte für Vegetarier. Servieren Sie die Vorspeise mit einem knusprigen Baguette und die Kärntner Kasnudeln mit einem frischen Salat. Wie wäre es mit Rucola, einigen frischen oder gebratenen Champignons und Walnüssen, angemacht mit einem Dressing aus Walnussöl und Sherry-Essig?

Zu Vorspeise und Hauptgang passt ein Schilcher, der kräftige Roséwein aus der Steiermark in Österreich. Ein paar Stunden früher zubereiten lässt sich das Dessert.

Menü für Fischfreunde

Lachsterrine | Großbritannien / England, S. 56
Fischpaprika | Ungarn, S. 92
Walnusstorte | Slowakei, S. 96

Schnell gemacht ist die köstliche Terrine. Sie benötigt nur ein wenig Zeit, damit sie geliert. Am besten bereiten Sie diese feine Vorspeise einen Tag vorher zu. Die Zutaten im Rezept reichen übrigens auch für 6 oder 8 Personen, also keine Bange, wenn sich mehr Esser als erwartet bei Ihnen anmelden. Wenn Sie es »very british« mögen, servieren Sie die Terrine mit Kräckern und einem trockenen weißen Portwein. Ihnen fehlt noch etwas Grünes dazu? Perfekt wäre ein Feldsalat.

Auch das Fischpaprika lässt sich für mehr als die vorgesehenen vier Gäste kochen. Anstatt Karpfen schmeckt es ebenso mit Welsfilet. Noch Lust auf einen vierten Gang? Dann würde der belgische Muscheltopf gut passen. Statt Bier gießen Sie dann lieber Wein an, und zwar einen weißen.

Weinempfehlung: 2002er Moulin de Pillon , Vin de Pays de Côtes de Gascogne

Die historische Landschaft (Vasconia oder deutsch Baskenland) im Süden von Südwest-Frankreich zwischen den Pyrenäen und dem Fluss Garonne erhielt den Namen von den Basken, die hier im 7. Jahrhundert eindrangen. Die aus den heimischen Sorten Colombard, Ugni Blanc, Gros Manseng und Sauvignon ausgebaute Weißweincuvée von der Domaine Fontanin Noulens brilliert mit unglaublicher Frische, was sich in Aromen von Stachelbeere und Kamille ausdrückt. Im Geschmack bleibt der knackige Weiße immer elegant mit feinem Säurespiel.
Optimale Trinktemperatur: 9°C

Schmeckt der ganzen Familie

Smörrebröd mit Radieschensalat | Dänemark, S. 32
Schweinebraten mit Sauerkraut und Semmelknödeln | Tschechien, S. 104
Krakauer Grieß | Polen, S. 8

Besonders Kinder lieben Braten mit viel Sauce. Also nicht zu knapp kalkulieren, pro Person dürfen es ruhig 100 ml sein. Darin werden dann die Semmelknödel getunkt. Der Braten schmeckt aber genauso gut mit Salzkartoffeln. Die machen auch weniger Arbeit und sind schneller gemacht. Übrigens garen auch der Schweinebraten und das Sauerkraut fast von allein. Erwachsene trinken zu diesem Essen ein Pils.

Eine leckere Vorspeise ist das Smörrebröd, wobei es sich bei dem Radieschensalat eher um einen Quarkaufstrich handelt. Er ist schön frisch, lässt sich gut vorbereiten und schmeckt Kindern wie Erwachsenen. Auch die Nachspeise machen Sie bereits im Voraus.

Für einen schönen Anlass

Matjes in Apfelscheiben | Niederlande, S. 48
Kartoffelnocken mit Schafskäse | Slowakei, S. 96
Kalbsröllchen Emilia | Italien/Emilia Romagna, S. 72
Waffeln | Belgien, S. 44

Eine kalte und eine warme Vorspeise eröffnen dieses Menü. Deshalb reichen die Zutatenmengen auch für jeweils 6 Gäste. Wenn Sie nur für vier kochen, machen Sie von jeder Vorspeise etwas weniger. Das heißt nur drei Äpfel dünsten und zwei Matjes-Doppelfilets einkaufen. Von den Käsenocken höchstens zwei Drittel der angegebenen Zutaten verarbeiten. Möchten Sie noch einen Salat dazu servieren, ist auch die Hälfte genug. Zu den Matjes passt ein Bier. Ungewöhnlicher wäre ein trockener Sherry.

Schon im Voraus lassen sich die Kalbsröllchen zubereiten, die Sie nur noch aufwärmen müssen, wenn die Gäste da sind. Servieren Sie dazu ein ofenfrisches Ciabatta und einen Sangiovese aus der Emilia Romagna, z. B. einen Ripagrande Riserva. Den dürfen Sie aber auch schon zu den Kartoffelnocken einschenken. Zu den Waffeln passt ein süßer Passito aus weißen Albanatrauben.

Vorspeisen-Party

Kichererbsencreme | Oktopussalat | Olivenbrot | Zypern, S. 80
Tomaten mit Tapenade | Frankreich / Roussillon, S. 68
Geflügelleber mit Sherry-Essig | Frittierte Garnelen mit Safranmayonnaise | Spanien / Andalusien, S. 64
Eingelegte Pilze | Polen, S. 8 | Letscho | Ungarn, S. 92
Mohnpielen | Berlin / Deutschland, S. 36

Sowohl für ein Gartenfest als auch für eine Party in den eigenen vier Wänden eignet sich ein Buffet mit jeder Menge Vorspeisen bestens. Sie haben alles bereits im Voraus zubereitet und jeder bedient sich selbst. Dazu gibt es neben dem Olivenbrot noch ausreichend anderes Brot oder Brötchen. Pro Partygast sollten Sie 100 g Brot und auch 20 g Butter einplanen. Die sieben Vorspeisen reichen mit den in den Rezepten angegebenen Zutatenmengen für 12 bis 15 Personen. Die Mohnpielen bereiten Sie dreifach zu. Wollen Sie mehr Gäste einladen, vervielfachen Sie einfach die Portionen, pro Gast sollten es insgesamt zwei bis drei sein.

Und die Getränke? Kaufen Sie einen Kasten Bier, je 4–6 Flaschen Rosé, Weiß- oder Rotwein sowie je 6 Liter Saft und Mineralwasser. Und dann, let's party!

Weinempfehlungen: 2002er Les Carolins Bordeaux AC, Rosé, 12%vol. Zu den Vorspeisen ist der Rosé von Château Barrière mit seinem satten, fast knalligen Rosa ein Muss. Seine typische Cabernet-Aromatik (grüne Paprika ...) und seine soliden Konturen machen ihn zum optimalen Essensbegleiter. Optimale Trinktemperatur: 9°C | **2003er Maximilians Chenin Blanc, Breede River Valley, Südafrika, 12,5 %vol.** Eigentlich stammt die Rebsorte aus dem Loiretal.

Für südafrkanische Weißweine ist siejedoch schon längst der Inbegriff für sehr junge, leichte und frische Weißweine und deshalb eine Top-Empfehlung für Antipasti. Der Maximilians Chenin Blanc duftet nach hellen Blüten (Flieder) und ist ein typischer Sommerwein, klar und von leichter Spritzigkeit. Optimale Trinktemperatur: 7°C | **2002er Romane Gamay 12,0 %vol.** Er duftet nach süßem rotem Fruchtkompott – typisch für die Sorte. Ein jugendlicher Rotwein für den unkomplizierter Genuss von den Caves Du Haut Poitou im südlichen Loiretal. Optimale Trinktemperatur: 16 °C.

Großes Picknick

Möhren-Piroggen | Lettland, S. 16
Heringskartoffelsalat | Estland, S. 20
Kartoffelkuchen | Irland, S. 52
Gurkensandwichs, Erdbeeren mit Sahne | Großbritannien / England, S. 56

Alles was Sie zum Essen und Trinken mitnehmen, transportieren Sie am besten in einer oder zwei Kühltaschen. Und das gehört neben den Schlemmereien auch in den Picknickkorb: Flaschenöffner und Korkenzieher, ein größeres Messer mit Brett, wenn Sie Brot schneiden wollen. Auch Salz und Pfeffer dürfen nicht fehlen. Haben Sie nicht nur Essen dabei, das sich aus der Hand essen lässt, sind ausreichend Besteck und Teller wichtig, z.B. für den Heringssalat. Dann natürlich Decke und Kissen, sowie eine Tischdecke oder große Geschirrtücher. Darauf können Sie alles appetitlich aufbauen. Nützlich sind ein kleines Handtuch oder die Küchenrolle, wenn mal etwas umkippt.

Und nicht vergessen: Ein kleines Stoßgebet für gutes Wetter im Voraus kann nicht schaden ...

Weinempfehlung: Chapin & Landais Crémant de Loire, brut, 12,5 %vol. Der traditionsreiche Crémant Produzent Chapin&Landais mit Sitz in Saumur ist bekannt für die einzigartige Qualität und frische seiner Qualitätsschaumweine.
Für ein »Großes Picknick« ist der Crémant die prickelnde Alternative. Er duftet nach reifer Quitte mit Noten von frisch gebackenem Brot.
Ein schmelzig-prickelnder Genuss von klassisch französischer Art.
Optimale Trinktemperatur: 7–9 °C

Winterfreuden

Zeppelinklöße | Litauen, S. 12
Bigos | Polen, S. 8
Liwanzen | Tschechien, S. 104
Julgrog | Schweden, S. 24

Nach einem langen Winterspaziergang oder einer Schlittenfahrt, wenn es draußen zwar kalt aber trotzdem schön war, ist solch ein deftiges Essen genau das Richtige. Vielleicht beginnen Sie sogar gleich mit dem Julgrog, um erst einmal aufzutauen. Nach dem Essen schmeckt er aber auch. Den Bigos haben Sie bereits am Vortag zubereitet, er braucht nur noch warm gemacht zu werden. Wie viele Eintöpfe schmeckt er am zweiten Tag noch besser. Auch die Zeppelinklöße haben Sie schon geformt, in kochendes Wasser versenkt sind sie in nur 15 Minuten fertig.

Während Sie mit den ersten beiden Speisen Leib und Seele wärmen, kann der Hefeteig für die Liwanzen ganz in Ruhe gehen. Der erste Hunger ist gestillt, und Winterabende sind lang. Zeit genug für das eine oder andere Glas Julgrog zwischendurch, bis endlich auch der süße Nachtisch fertig ist.

Vielen Dank!

Unser Dank für die Unterstützung bei der Recherche von Informationen und für die freundliche Genehmigung der Fotografien gilt:

Polen: Polnische Organisation für Tourismus, Berlin. www.polen-info.de (auch S. 116 re.)
Litauen, Lettland und Estland: Baltikum – Information und Tourismus, Berlin. www.gobaltic.de (auch S. 108 li. und S. 119 re., S. 120 re.)
Schweden: Schweden – Werbung für Reisen und Touristik GmbH, Hamburg. www.visit-sweden.com. Fotografen: S. 24–28 Andreas Lind, B. Lind (auch S. 120 mi.), S. Mezzanotte (auch S. 115 li.), Patrik Trägardh (auch S. 111 mi.)
Finnland: Finnische Zentrale für Tourismus, Frankfurt/Main. Fotografien Karl-Heinz Daniel, Frankfurt/Main (auch S. 111 re., S. 113 li.)
Dänemark: Dänisches Fremdenverkehrsamt, Hamburg. www.visitdenmark.com. Fotografen: Wedigo Ferchland (auch S. 110 re.), Cees van Roeden, Danmarks Turistad (auch S. 114 mi.)
Deutschland: TMB Tourismus-Marketing Brandenburg GmbH, Potsdam. www.fotoarchiv-brandenburg.de, Fotografen: Suckow, v. Hardenberg, Hoffmann, Hirsch
Luxemburg: Landesverkehrsamt Luxemburg. touristinfo@luxembourg-city.lu. Sylvie Bisdorff, Hotel Bisdorff, Berdorf, Office National du Tourisme, Luxemburg
Belgien: Tourismus Brüssel-Wallonie-Ardennen, Köln. www.flandern.com. (auch S. 117 re.)
Niederlande: NBT Niederländisches Büro für Tourismus, Köln. www.niederlande.de, Erdie Burema, BG Maarsbergen, (auch S. 113 re., S. 117 li.)
Irland: Tourism Ireland, Frankfurt/Main. www.tourismireland.de. Fotografen: Holger Leue
Großbritannien: Visitbritain, British Tourist Authoriy Urlaubsservice, Frankfurt/Main. www.visitbritain.org
Portugal: ICEP – Fremdenverkehrsamt, Frankfurt/Main. www.icep.pt, Joao Paulo, Mauriício Abreu (auch S. 109 re. und 118 re.)
Spanien: Informationsbüro Sherry, Gauting. www.sherry-info.de, (auch S. 109 li.)
Italien: Italienische Handelskammer für Deutschland e.V. www.ccig.de, Roy Berardi, (auch S. 117 mi.)
Frankreich: Informationsbüro Reiner Witte, Bergisch-Gladbach. www.info-roussillonweine.de, Fotograf: Gauthier Fleury (auch S. 109 mi., 114 li.)
Malta: Fremdenverkehrsamt Malta, Frankfurt/Main. www.visitmalta.com
Zypern: Fremdenverkehrszentrale Zypern, Frankfurt/Main. www.visitcyprus.org.cy, Botschaft der Republik Zypern, Köln, (auch S. 118 li.)
Griechenland: griechische Zentrale für Fremdenverkehr, Frankfurt/Main. www.gzf-eot.de, (auch S. 112 li.)
Slowenien: Slowenisches Fremdenverkehrsamt, München. www.slovenia-tourism.si, (auch S. 110 li.)
Ungarn: Ungarische Tourismus AG, Budapest. www.hungarytourism.hu, (auch S. 115 re.)
Slowakei: Slowakische Zentrale für Tourismus, Wien. www.slowakiatourism.sk, (auch S. 115 mi.)
Österreich: Fotografien Karl-Heinz Daniel, Frankfurt/Main, (auch S. 109 re., S. 114 re.)
Tschechien: Tschechische Zentrale für Tourismus, Berlin. www.czechtourismus.com, (auch S. 108 re.)

Literaturangaben / Quellenangaben

Erika Casparek-Türkhan
Europa – Kulinarische Streifzüge
1994, Sigloch Edition, Künzelau

Patricia Clough
English Cooking
2001, dtv Verlag, München

Rose Marie Donhauser / Herby Neubacher
Matjes ... hat immer Saison
2002, Seehamer Verlag, Weyarn

Anikó Gergely / Christoph Büschel / Ruprecht Stempell
Ungarische Spezialitäten
1999, Könemann Verlag, Köln

Joyce Goldstein
Genießer unterwegs – Spanien & Portugal
2001, Christian Verlag, München

Georges Hausemer / Guy Hoffmann / Sylvie Biesdorff
Luxemburg kulinarisch – Küche, Land & Leute
1997, Edition Guy Binsfeld, Luxemburg

Maria Lemnis, Henryk Vitry
Altpolnische Küche und polnische Tischsitten
1979, Verlag Interpress, Warschau

Panayota Petraki / Hubert Eichheim
Original Griechische Küche
2003, Seehamer Verlag, Weyarn

W. W. Pochljobkin
Nationale Küchen – Die Kochkunst der sowjetischen Völker 1984, Verlag MIR, Moskau / Verlag für die Frau, Leipzig

Helga Setz
Die Kärntner Küche
1993, Verlag Johannes Heyn, Klagenfurt

Anette Wolter / Christian Teubner
Spezialitäten der Welt köstlich wie noch nie
1982, Gräfe und Unzer, München

Internetadressen:
http: //de.travel.yahoo.com/trguide/europe/index.html
www.derreisefuehrer.com
www.skandinavien.de

Rezepte nach Gruppen

Vorspeisen und kleine Gerichte:

Suppen/Eintöpfe:

Beilagen/Salate:

Hauptgerichte:

Süße Küche / Desserts:

Aus dem Backofen:

Getränke:

Rezepte alphabetisch

Weitere Titel aus der erfolgreichen Reihe

genießen pur
mit UMSCHAU

Yrkia-Astrid & Karl-Heinz Mattern

Aloe Vera-Cocktails und Vitaldrinks

ISBN 3-8295-6428-7

„Wellness zum Trinken: 70 tolle Rezepte für Aloe-Vera-Shakes"
Journal für die Frau

Renate Kissel

Senf

ISBN 3-8295-6427-9

Senf ist mehr als ein Gewürz. Renate Kissel präsentiert alle Facetten des Senfes: Von der Geschichte über die Verwendung als Heilpflanze bis zum umfangreichen Rezeptteil.

Brunhilde Bross-Burkhard

Wildkräuter und Wildgemüse

ISBN 3-8295-6426-0

„Sehr empfehlenswerte(s) und schön gemachte(s) Buch"
Vegetarisch Fit

Renate Kissel

Ziegen- und Schafskäse

ISBN 3-8295-6427-9

„Ganz besonders gelungen ist das neue Genießerbuch Ziegen- und Schafskäse" *LEA*

Impressum

Gestaltung und Satz
Die Basis, Wiesbaden

Reproduktion
Lithotronic-Media, Frankfurt/Main

Druck und Verarbeitung
Egedsa, Sabadell

Printed in Spain
ISBN 3-86528-202-4